Iris Radisch

Die Schule der Frauen

Iris Radisch

Die Schule der Frauen

Wie wir die Familie neu erfinden

Deutsche Verlags-Anstalt
München

Für meine Töchter
Mascha, Tonka und Valja

Inhalt

Wenn wir in den letzten paar tausend Jahren unsere Bevölkerungszahl erhalten und sogar steigern konnten, so war das möglich, weil Frauen unterdrückt und benachteiligt wurden.

Das ist ein Satz, der wehtut. Ein Satz, über den man lieber hinweggehen würde. Aber wir können ihm nicht ausweichen. Es hilft uns nichts, so zu tun, als wäre er nicht wahr, nur teilweise wahr, nur für wenige wahr, nicht für uns wahr. Es ist, wie es ist. Frauen haben dafür gesorgt, dass wir mehr und immer mehr geworden sind. Und sie haben dafür einen hohen Preis gezahlt.

Es war richtig und gut, diese Unterdrückung und Benachteiligung anzuprangern und sie so gut es ging zu beseitigen. Die Gleichberechtigung zwischen Mann und Frau ist eine der großartigsten Errungenschaften des modernen Lebens. Doch auch sie hat einen Preis. Seitdem wir Frauen nicht mehr unterdrückt und weniger benachteiligt sind, hat der schmerzhafte Satz sich umgekehrt. Er lautet jetzt so: Wenn wir in den letzten paar Jahrzehnten unsere Bevölkerungszahl nicht erhalten und schon gar nicht steigern konnten, so liegt das daran, dass Frauen nicht mehr unterdrückt und weniger benachteiligt werden. Mit anderen Worten: Seitdem die Frauen den Preis für die Kinder nicht mehr zahlen wollen, gibt es immer weniger Kinder.

Und damit haben wir ein Problem. Männchen, Weibchen, Nest und Nachwuchs, das ist der Gang der Welt seit Anbeginn. Eine Gattung, die sich einfach nicht mehr fortpflanzt, hat es bisher noch nicht gegeben. Ohne Kinder verzichten wir auf eine der tiefsten und lebendigsten Erfahrungen, die man im Leben machen kann. Ohne Kinder beenden wir die Kette der Generationen, der wir unser eigenes Leben verdanken. Was soll geschehen? Der Feminismus hat keine Antwort auf die Kinderfrage hinterlassen, das Patriarchat die falsche. Unser Glück und unsere Zukunft hängen davon ab, dass es eine andere Antwort gibt.

Ich habe drei Kinder und einen Beruf, und ich glaube nicht an einfache Lösungen. Im Gegenteil, ich glaube, dass uns jeder, der uns einfache Lösungen in Aussicht stellt, nicht ernst nimmt. Ich glaube vor allen Dingen nicht an die Lösung, uns Frauen angesichts der offensichtlichen Schwierigkeiten den Rückzug aus dem Arbeitsleben zu empfehlen. Die Frau als edle Wilde, fern von der Welt, wohlverwahrt zwischen Kochtöpfen und Bettlaken, mit dieser Idee ist der Patriarch in der »Schule der Frauen« bei Molière schon vor über dreihundert Jahren gescheitert. Natürlich steht es jeder Frau frei, etwas Derartiges noch einmal zu versuchen, aber wenn wir alle diesen Rückzug antreten, überlassen wir die Welt wieder den Männern und unsere Fähigkeiten und Begabungen bleiben ungenutzt.

Ich habe viele Jahre geglaubt, man muss es nur wollen, dann kann man alles haben, Kinder, Arbeit und Liebe. Glück ist zwar einerseits einfach Glückssache, aber andererseits eine Frage der Kraft. Und natürlich eine Frage der berühmten »Vereinbarkeit«. Das glaube ich inzwischen alles nicht mehr. Irgendwann, vielleicht an einem frühen Winterabend im vollbesetzten Vorortzug, vielleicht eines Nachts vor dem Wäschetrockner, vielleicht eines Morgens im Dunkeln auf dem Weg zum Kindergarten, kommen die

Zweifel: Läuft hier nicht alles grundsätzlich falsch? An diesem Punkt kommt die Moderne ins Stottern. Und eine neue Frage taucht auf: Was machen wir jetzt?

Darauf gibt es keine fertige Antwort. Wir müssen uns unsere Welt ansehen, in der etwas so Grundsätzliches wie die Fortpflanzung kaum noch Platz hat. Die Welt ohne Kinder, wie wir sie uns eingerichtet haben. Und die Welt mit Kindern, in der die Familien zerbrechen, auseinandergerissen werden und wir keine Zeit füreinander haben. Wir müssen uns unsere Biografien ansehen, die sich von ursprünglichen Lebenskreisläufen sehr weit entfernt haben. Und vor allem die Liebe, aus der nicht mehr viel folgt.

Unser Frauenleben ist eines der lebenswertesten seit Frauengedenken. Doch in der Kinderfrage stehen wir immer noch mit dem Rücken zur Wand. So kann es nicht bleiben.

1. Kapitel
Heldendämmerung

Die Männer haben hart gekämpft. Sie haben Gesetze geschaffen, Städte gebaut, Autobahnen und Atomkraftwerke. Sie haben Zeitungen gegründet und Geschirrspüler verkauft. Sie haben Faust I und II in mehreren tausend Varianten auf die Bühnen gebracht. Es fehlt nicht viel, und sie wären zum Mars geflogen. Die deutschen Männer sind Helden. Sie haben einen großartigen Wirtschaftssieg errungen: Das Land ist wieder aufgebaut. Es ist eines der reichsten der Erde geworden.

Nun kehren die neuen Sieger aus ihren Vorstandszentralen und Hauptquartieren zurück. Sie wollen sich zu Hause ihres Sieges freuen. Sie wollen sich zu ihren Frauen auf die Gartenbank setzen und ihren Kindern beim Spielen zusehen. Aber siehe da: Zu Hause steht die Wiege leer und die Frau ist arbeiten.

Der deutsche Mann sitzt allein auf seiner Gartenbank. Die Autos, die er gebaut hat, fahren, die Flugzeuge fliegen, die Glaspaläste funkeln in der Sonne. Aber niemand ist da, der sich mit ihm darüber freut. Niemand, der es erben wird. Der Held ist einsam.

Wir leben in dieser Zeit nach den großen Heldentaten der Nachkriegszeit: nach dem Wiederaufbau, nach der Wiedervereinigung, nach der industriellen, nach der sexuellen, nach der virtuellen und nach der gentechnologischen Revolution. Wir haben den Fortschritt gewollt, haben an ihn geglaubt und haben ihn bekommen. Noch nie ist eine Generation materiell so gesegnet gewesen wie die unsere. Noch nie haben Menschen in größerer Bequemlichkeit gelebt als wir.

Wir leben in einer Zeit des Jammerns, der Verlustängste und der Verunsicherung. Dennoch wissen wir: Noch reicher können wir kaum werden. Viel bequemer können wir es nicht mehr haben. Noch mehr Wohlstand, noch mehr Annehmlichkeiten sind nicht möglich. Und das, was uns jetzt noch fehlt, können wir uns nicht kaufen. Auch wenn es, außer zu Gott und dem Tod, zu allem eine Steigerungsform gibt, spüren wir: Die Lust auf mehr und immer mehr wird weniger. Wir werden zwar weiterhin immer mehr produzieren, alles Mögliche, Sony-Center, Kleinwagen und TV-Programme, neue Gesichtscremes, Hosenschnitte und Lifestyle-Magazine. Wir werden das Leben immer weiter verlängern. Wir werden uns vielleicht bald selbst verdoppeln. Aber auf eine Frage wissen wir keine Antwort: wozu es gut ist, immer nur mehr und noch mehr vom selben zu haben.

Mit dieser Frage bleiben wir im Büro allein. Seitdem wir diese Frage nicht mehr loswerden, fällt uns ein, dass nach dem Büro noch etwas kommen müsste.

Das, was die Helden gerne hätten, wenn sie abends zwischen zwanzig und zweiundzwanzig Uhr abgekämpft aus ihren Schaltzentralen heraustaumeln, ist seit der Odyssee in etwa dasselbe: ein Zuhause, eine Frau und Kinder. Doch der Fortschritt will es, dass – seitdem es auf der Welt dank der Tatkraft des Mannes von allem immer mehr und mehr gibt – ausgerechnet davon immer weniger da ist. Jede dritte Ehe wird geschieden. Mehr als ein Drittel aller Frauen aus der gebildeten Mittelschicht bleibt ohne Kinder. Zu Hause liegen keine Bilderbücher auf dem Boden, zu Hause stolpert man nicht über Gummistiefel in allen Größen und Regenbogenfarben, zu Hause warten ein Bier und die freundliche Anne Will.

Es wird viel über Demografie gesprochen in diesen Zeiten. Überall heißt es: Die Deutschen sterben aus. Bald ist niemand mehr da, der unsere künstlichen Hüftgelenke, unsere Zahnprothesen und Krebstherapien im Alter bezahlen wird. Schlimmer noch: Es ist bald auch niemand mehr da, der unsere Faust-II-Inszenierungen noch zu schätzen weiß. Niemand mehr, der unsere Debatten weiterdebattiert, unsere Bücher versteht, unsere Museen besucht, unsere Armani-Anzüge aufträgt und in unseren Einfamilienhäusern wohnen will.

Das ist in der Tat sehr ärgerlich. Allerdings wissen wir seit rund vierzig Jahren, dass das so kommen wird. Seit den sechziger Jahren zeigt der demografische Kegel diese unschönen Dellen. Das große Gejammer um die fehlenden Kinder und die den Einzelnen nur noch lose umflatternden Familienbande, das seit einigen Jahren angestimmt wird, kommt spät. So spät, dass man der Populär-Demografie manchmal das mitgelieferte Entsetzen nicht glaubt. In solchen skeptischen Momenten denkt man: Die Untergangsstimmung hat andere Gründe als die Angst vor der Seniorenschwemme, die wir selber sein werden. Es geht nicht um den Generationenkrieg. Das sind nur Metaphern, mit denen Helden ihre Einsamkeit bevölkern. Ihre Einsamkeit und ihre Trauer. Und das ungute Gefühl, für die Siege der Nachkriegszeit in der Zukunft von niemandem mehr bewundert zu werden.

Die gebildete Frau lässt andere gebären

Niemand weiß, ob es wirklich so schlimm ist, wenn wir immer weniger werden. Wenn wir, wie vorausgesagt, im Jahr 2050 die Bevölkerungszahl von 1950 wieder erreicht haben werden. Weniger Menschen, heißt das nicht auch weniger Belastungen? Weniger Staus, weniger Autos, weniger Flugzeuge, weniger Müll, weniger Kranke, weniger Verbraucher, weniger Umweltverschmutzung. Mehr Platz, mehr Entspannung, mehr Ruhe, Wildschweine und Schafe auf den Autobahnen, frischere Luft und Sitzplätze im Intercity. Schweden ist schließlich ein herrliches Land, nicht zuletzt deswegen, weil es dort so wenig Schweden gibt. So kann man das sehen. Andere finden mit ihren Thesen vom drohenden Untergang des deutschen Landes reißenden Absatz. Einige wenige geben sich stoisch: Wir sind schließlich nicht die erste Hochkultur, die untergeht. Das späte Rom hatte auch schon Probleme mit der Geburtenrate. Da hatten die jungen kulturlosen, kinderreichen Barbaren leichtes Spiel.

So gesehen wiederholt sich die Geschichte. Auch wir werden immer weniger. Bald stehen die jungen, geburtenstarken Barbaren vor unserer Tür, um es sich in unseren gläsernen Konferenzräumen, auf unseren schwarzen Ledersesseln gemütlich zu machen und aus unseren italienischen Espressotassen zu trinken. Und wir haben ihnen nur noch wenig entgegenzusetzen. Im Gegenteil: Wir werden auf sie angewiesen sein. Welthistorisch betrachtet kann man sie nur hereinbitten. Irgendetwas wird sicher von uns übrig bleiben. Wie auch von den Römern etwas übrig geblieben ist. Vielleicht so etwas wie ein *Germanum* an höheren Schulen, ein bisschen Wolf Biermann im Nachtprogramm und Reich-Ranicki im Oberseminar. Ansonsten gilt: Wie gewonnen, so zerronnen. Auch in der Natur muss alles, was einmal groß und schön war, runzelig und alt werden und sterben. Jeder muss einmal Platz machen für den Nächsten. Warum soll es Hochkulturen anders ergehen als Bäumen oder Blumen?

Aber langsam. Mit dem Untergang von Hochkulturen soll man nicht scherzen. Auch die Leiden von Helden muss man ernst nehmen. Denn sie haben das Allerwichtigste verloren: den Grund für ihren grandiosen Wohlstandskampf. Nun suchen sie nach Schuldigen. Wie konnte es so weit kommen, dass etwas so Großartiges wie das deutsche Wirtschaftswunder keine Erben findet? Wer hat es versäumt, beizeiten Kinder in die Welt zu setzen? Wer hat das von Gott gestiftete Band zwischen Sex und Fortpflanzung zerschnitten? Wer hat sich seinem Herrn gleichgemacht? Wer hat plötzlich Hosen an und ein eigenes Konto bei der Deutschen Bank? Wer denkt wie ein Mann, also an sich selbst zuerst? Wer missachtet die von Gott gestiftete Arbeitsteilung? Natürlich wir. Die Frauen.

Wir sind schuld. Wir vierzig- und fünfzig- und sechzigjährigen Frauen, die wir alles Mögliche haben, Hunde, Katzen, Landhäuser in der Uckermark, Hosen von Versace, Fußbodenheizung, Zweisitzer und Zuchtrosen. Alles, aber keine Kinder. Meistens nicht. Je gebildeter, desto weniger. Je besser verdienender, desto noch weniger. Je gleichberechtigter, desto beinahe überhaupt nicht mehr. Kinder sind nüchtern und das heißt statistisch betrachtet inzwischen etwas für die niederen Stände. Hässlich gesagt: Kinder sind heutzutage im Großen und Ganzen etwas für die Dicken und Doofen. Wir, die gut ausgebildeten selbständigen Frauen lassen nicht mehr nur wie früher unsere Kinder, falls wir sie denn überhaupt haben, von der armen Unterschicht erziehen. Lieber noch lassen wir gebären. Und zwar die anderen Frauen. Die Frauen, die keinen beruflichen Erfolg haben, die, bei denen es nicht so sehr darauf ankommt, ob sie zu Hause Legosteine oder bei »Rossmann« Haarshampoos sortieren. Gerade diejenigen, die sich Kinder noch am ehesten leisten könnten, verzichten zunehmend auf diesen Luxus. Die Mühen der Kinderaufzucht überlässt die gebildete Frau dem Personal.

Kinderreiche und Kinderlose leben in getrennten Universen

Das ist natürlich nur eine Wahrheit. Es gibt auch andere Wahrheiten. Es gibt neben dem relativ kinderlosen Zentralgestirn auch noch andere Planeten. Ich habe den größten Teil meines Lebens auf einem ausgesprochen kinderreichen Planeten verbracht. Meine Eltern haben drei Kinder und acht Enkel. Meine Schwiegereltern haben vier Kinder und ebenfalls acht Enkel. Meine drei Töchter haben elf Cousinen, zwei Cousins, drei Tanten und zwei Onkel, vier Großeltern und diverse Großtanten und Großonkel. Das klingt nicht nur verwirrend, das ist verwirrend und sehr turbulent.

Wie jede kinderreiche Familie sind auch wir umgeben von kinderreichen Familien. Die Freundinnen meiner Töchter haben alle mindestens ein, meistens zwei und drei Geschwister, häufig von verschiedenen Vätern. Zwei meiner Freundinnen haben fünf Kinder, zwei andere haben vier, eine hat drei, selbst meine Freunde in der Hauptstadt haben noch zwei Kinder oder zumindest eines.

Das ist statistisch völlig unerheblich, offenbar sogar wirklichkeitsfremd. Und doch lässt sich daraus etwas ablesen: Wer Kinder hat, kennt Leute mit Kindern. Umgekehrt gilt dasselbe. Denn die Kinderreichen und die Kinderarmen leben inzwischen in zwei getrennten Universen, die sich kaum noch berühren.

Mein vergangenes Lebensjahrzehnt hat sich in übervollen Kinderläden abgespielt, in prallen Vorschulklassen, auf aus allen Nähten platzenden Einschulungsfeiern, auf ungezählten Kindergeburtstagen und auf Familienfeiern, bei denen kaum ein Erwachsener mehr zu Wort kam. Mein Leben ist bis heute voller Kinder, nicht nur im eigenen Haus, sondern auch rechts und links, bei meinen Geschwistern genauso wie bei meinen Freundinnen, auf dem Land, wo wir jetzt leben, genauso wie in der Vorstadt, in der wir einige Jahre verbracht haben.

Ohne die Bücher von Herwig Birg, Meinhard Miegel, Franz-Xaver Kaufmann, Elisabeth Beck-Gernsheim, Hans Bertram, Frank Schirrmacher und Paul Longman, ohne die immer panischer formulierten Gebärkampagnen in den deutschen Printmedien wäre ich nie auf die Idee gekommen, dass irgendjemand in Deutschland zu wenig Kinder haben könnte.

Allerdings hätte ich misstrauisch werden können: Die vielen kinderreichen Mütter, die mich umgeben, machen alles Mögliche. Sie geben Reitstunden oder Reiki-Unterricht, sie entwerfen Theaterkostüme, sie arbeiten ein paar Stunden in einer Kulturinitiative oder ein paar Wochen auf einem Filmset, sie bieten Massage, Atemtherapie oder Yoga-Kurse an. Damit haben sie alle eines gemeinsam: Sie gehen keiner geregelten Arbeit nach. Und an dem Ort, an dem ich das tue, gibt es nur sehr wenige Frauen. Da fiel es nicht so auf, dass von diesen wenigen noch weniger Kinder haben und dass diese wenigen, die Kinder haben, natürlich auch nur wenige Kinder haben. Dabei ist es mit Händen zu greifen: Ganz offensichtlich gibt es einen unmittelbaren Zusammenhang zwischen der Ausübung einer geregelten anspruchsvollen Arbeit und der Bereitschaft der Frauen, mehr als ein oder höchstens zwei Kinder zu bekommen.

Davon erzählen auch die Zahlen: Wer in Deutschland weiblich und voll berufstätig ist, bekommt selten Kinder. Je qualifizierter eine Frau ist, umso weniger Kinder bekommt sie. Es ist unbestreitbar: Kinder fehlen. Sie fehlen besonders in der gebildeten Mittelschicht, von der hier vor allen Dingen die Rede ist. Beinahe vierzig Prozent der Akademikerinnen bleiben kinderlos. Und all die, die nicht da sind, können auch nicht mehr ersetzt werden. Und die Ungeborenen fehlen uns nicht nur jetzt, in den Schulen, auf den Universitäten. Auch ihre nichtgeborenen Kinder werden uns fehlen, wenn wir alt sind und beim Pflegedienst anrufen, um eine Suppe zu ordern, die wir uns nicht mehr selber kochen können, und keiner da sein wird, der uns diese Suppe kochen will. Niemand da, der uns für das viele Geld, für unsere Erträge aus den zahlreichen Zusatz- und Privatversicherungen, die wir ängstlich angehäuft haben, dann helfen kann. Niemand, der uns in den Rollstuhl hilft, niemand, der uns gut zuredet, wenn uns Tag für Tag außer der Kaffeerunde an den Resopaltischen des Altersheims nichts mehr erwartet. So jedenfalls prognostizieren es die Schwarzseher.
Die Schwarzseher vergessen allerdings, dass es auch heute schon nicht die Nachkömmlinge der deutschen Oberschicht sind, die in den Altersheimen die Suppen zubereiten und die Bettpfannen leeren. Es ist nicht die Tochter der Anwältin, die meine Kinder am Nachmittag hütet, und nicht der Sohn des

Zahnarztes, der meine alte Mutter beim Einkauf begleitet. Ganz selbstverständlich haben wir uns daran gewöhnt, dass unser Badezimmer von einer Polin geputzt, unsere Kinder von einer Russin betreut, unsere Mutter von einem Türken unterstützt und unser Gärtchen von einem Albaner gepflegt wird. Die soziale Betreuung, die Kinder- und Altenpflege, die Haus- und Gartenarbeit, der gesamte ehemals weibliche Aufgabenkosmos ist, wo das bezahlt werden kann, längst in internationaler Hand.

Wer heute von Einwanderung spricht, muss vor allem von der Einwanderung in die weiblichen Welten sprechen. Denn noch vor einer Generation war es im Großen und Ganzen üblich, seine Kinder selbst zu hüten, seine alte Mutter selbst zu unterstützen und mit der ganzen Familie gemeinsam im Garten zu arbeiten. Auch heute soll das noch ab und zu vorkommen. In der demografisch scheinbar unaufhaltsam kollabierenden Oberschicht allerdings immer weniger. Wohlstand und Lebensstandard ermessen sich inzwischen unter anderem daran, in welchem Umfang man Haus- und Familienarbeit von Migranten aus der zweiten und dritten Welt ausführen lässt oder gar – der höchste, nahezu unbezahlbare Luxus – von deutschen Kräften. Das ist zweifellos ein Zuwachs an Komfort und Bequemlichkeit. Ein Freiheitsgewinn für uns Frauen. Häufig verschweigen wir, was uns dieser Gewinn gekostet hat.

Die Kernfamilie ist weiblich

Geschichte lässt sich in der eigenen Geschichte oft am besten verstehen. Ich überblicke in meiner Familie annähernd viereinhalb Generationen von Frauen. Meine Urgroßmutter war bereits berufstätig. Sie war Hebamme und musste mit dem Pferdewagen weit über Land fahren, wurde plötzlich mitten in der Nacht geholt und hat die Familie oft allein gelassen. Ihre beiden Töchter wurden sehr selbständig. Nach dem Ersten Weltkrieg ging meine Urgroßmutter mit ihren Töchtern nach Berlin, trennte sich von ihrem Mann und schickte die Mädchen auf eine Hauswirtschaftsschule. Aus beiden Mädchen sind selbstbewusste, schöne Frauen geworden.

Meine Großmutter wurde Kindermädchen in einer acht-köpfigen Großbürgerfamilie. Sie ließ sich vom Hausherrn, einem konservativen Berliner Journalisten, schwängern, später heiraten und gründete mit ihm in Berlin eine schließlich siebenköpfige Familie, von der nach dem Zweiten Weltkrieg nur noch der weibliche Kern übrig blieb. Mein Großvater – als Journalist übrigens ein unermüdlicher Propagandist der Familie als »Wiege der Nation« – starb in einem russischen Internierungslager. Für das »kriegswichtige« Studium der Söhne hatte der Vater noch gesorgt, sie besetzten fernab der Frauenwelt Professorenstühle und Amtssessel und schickten der Mutter ihre Publikationen und Reiseberichte nach Hause. Meine Großmutter wohnte mit ihrer Mutter und ihren Töchtern in einer riesigen Altberliner Wohnung am Schloss Bellevue und brachte als Trümmerfrau alle heil in die neue Zeit.

Das ist für die Weltgeschichte und die Demografiefrage alles nicht weiter von Interesse. Dennoch lässt sich an dieser Familiengeschichte eine Menge ablesen. In der Hauptsache eines: Die Kernfamilie ist weiblich. Die Männer machen Krieg und Karriere und verlassen ihre Frauen und Kinder, wenn die große Geschichte, eine interessante Laufbahn oder ein schönes Kindermädchen sie lockt oder verschlingt. Die

Männer verflüchtigen sich. Im Ernst-, also im Normalfall sind die Frauen sich selbst überlassen.

So ist es in meiner kleinen Familiengeschichte gewesen. Aber so oder so ähnlich war es auch in der großen Geschichte. Und alle Anzeichen sprechen dafür: So ist es bis heute.

Wir sind die erste Frauengeneration, die auf Autopilot umgeschaltet hat

Die Familiengeschichte ist eine Geschichte ohne Männer. Offenbar kommen wir Frauen, wenn uns zwei Weltkriege, ein Wirtschaftswunder oder anderes dazu nötigen, ganz gut allein zurecht. Auch wenn uns das nicht gefällt. Millionen deutscher Familiengeschichten endeten im vergangenen Jahrhundert mit diesem Refrain: Auf Männer kann man sich nicht verlassen. Sie verschwinden in einem unsinnigen Krieg, verlieren ihre kostbaren Körperteile in grausamen Schlachten, sie stoßen ihre Männerseele wund in den undurchschaubaren Wirren einer Wirtschaftskrise, sie verhungern in Russland, morden in Polen, verdingen sich als Parteisoldat oder Schlimmeres und werden, als ihr Großmannsexperiment scheitert, sofern sie nicht gefallen sind, scharenweise degradiert und interniert.

In dieser langen Zeit, in der die Männer sich wie eh und je gegenseitig übertrumpft und ausgerottet, gegeneinander gekämpft und einander erniedrigt haben, waren die Frauen auf sich gestellt. Meine Großmutter hat zusammen mit anderen Frauen das zertrümmerte Berlin gesäubert, Steine geschleppt, Lebensmittel organisiert. Und sie war nicht die Einzige. Die Botschaft dieser Müttergeneration war klar: Du brauchst einen Beruf, damit du deine Töchter rettest, wenn der nächste Krieg oder das nächste Fräulein vor der Tür deines Mannes steht. Verlass dich nicht mehr auf sie, verlass dich auf dich selbst. Und da uns dabei ein paar Errungenschaften der Moderne halfen, von denen noch die Rede sein wird, sind wir zur ersten Frauengeneration geworden, die auf Autopilot umgeschaltet hat. Wir gehen arbeiten.

Der Held, jahrtausendelang Zentrum des familiären Sonnensystems, ist seither abgesetzt. Das System Familie ist ins Schlingern gekommen. Es gibt keinen Grund, sich darüber zu beklagen. Denn die Heldendämmerung war mehr als überfällig. Die Heldenfamilie, in der Weib und Kinder um den alle ernährenden und treusorgend leitenden Patriarchen kreisen, ist mit dem letzten Jahrtausend in unserer Weltgegend endgültig ausgestorben. Der Held, der, so lange wir denken können, immer das größte Stück Fleisch, das jüngste Stück Frau, das fruchtbarste Stück Land, den besten Posten, das dickste Aktienpaket, das schärfste Schwert, die höchste Einschaltquote erkämpfen will, wird von uns Frauen nicht mehr blind bewundert. Denn wir Frauen wissen heute, was unsere Mütter aus der bürgerlichen Steinzeit nicht ahnen konnten: Wir müssen jederzeit damit rechnen, dass er uns auf seinem Heldenweg bei der nächsten sich bietenden Gelegenheit um eines erotischen und sonstigen Vorteils willen verraten und verlassen wird. Wer heute noch den Schutz eines Helden genießt, wird morgen schon mit seinem Scheidungsanwalt vorlieb nehmen müssen. Wer heute noch mit Sonntagshut und langem weißen Kleid am Arm des Gatten im Berliner Tiergarten paradiert, darf morgen in der Kittelschürze seine Trümmer wegräumen und seine Kinder ernähren. Ich übertreibe? Aber nur um der Wahrheit willen.

Die niedrige Geburtenrate
erlaubt keine eindeutigen Voraussagen

So sind es drei Dinge, die uns im Augenblick mehr als alles andere beschäftigen. Wir haben zu wenig Kinder. Die Geschlechterwelt ist aus ihrer jahrhundertealten Bahn geschleudert worden. Und das System Familie kollabiert. Offenbar besteht zwischen diesen Beobachtungen ein Zusammenhang. Über diesen Zusammenhang ist in jüngster Zeit viel spekuliert worden. Uneinig ist man sich vor allem in der einfachen Frage: Ist das alles überhaupt schlimm? Meine Antwort ist: Nein. Schlimm ist das nicht. Der alten Heldenfamilie müssen wir keine Träne nachweinen, der Mutti-kocht-Vati-arbeitet-Ehe ganz sicher auch nicht. Auch weniger Kinder sind nicht zwingend ein biologischer Super-GAU, wie uns die Männer das weismachen wollen. Die fehlenden Kinder machen womöglich noch nicht einmal die viel beschworene Versorgungslücke aus in Sachen Hüftprothesen, Zahnersatz und Mallorca-Rente, aus der die Kampagnengeneräle in den publizistischen Hauptquartieren einen Generationenkrieg entfesseln möchten.

Alles, will man uns einreden, wird schlimmer. In den nächsten drei Jahrzehnten soll die deutsche Bevölkerung um ein Drittel schrumpfen und Wölfe sollen sich in den entvölkerten Gebieten breit machen. Nichts als Wölfe und Hundertjährige, Hundertjährige und Wölfe werden Deutschland beherrschen. Die Alten von morgen, wird uns geraten, sollten sich heute schon fit machen für den Kampf um die besten Gehhilfen, die altersgerechten Schlagstöcke, die rollstuhlgeeigneten Barrikaden. Ein angsteinflößendes Horrorszenario der Zukunft wird da vor uns ausgebreitet, mit wehrtüchtigen Altenhorden und zahnlosen Greisen in den Hauptrollen.

Diese Laien-Demografie hat viel Unheil angerichtet. Sie hat vor allem junge Frauen unnötig verunsichert. Das allein kann man ihr nicht zum Vorwurf machen. Zum Vorwurf muss man ihr machen, dass sie aus unbestreitbaren Fakten höchst bestreitbare Schlüsse zieht, die sie als Fakten unter die Leser bringt. Was sich aus der niedrigen Geburtenrate von 1,3 Kindern pro Frau in Deutschland ableiten lässt, das weiß indes niemand genau vorherzusagen. Zu viele Faktoren müssten für eine zweifelsfreie Prognose berücksichtigt werden. Wer vor hundert Jahren Voraussagen mit ähnlicher Wucht und ähnlichem Tremolo wie die heutigen Demografen getätigt hätte, dem wären ein paar Kleinigkeiten wie zwei Weltkriege und die Erfindung der Pille schlicht entgangen. Was zählt, sind nicht nur die nackten Zahlen, sondern auch die Kosten für die Gesamtversorgung, die wirtschaftliche Entwicklung, die Arbeitslosenquote, das Renteneintrittsalter, die tägliche Arbeitszeit und manches mehr, auch gänzlich Unvorhersehbares, das wir heute nicht berechnen können. Lauter Faktoren, die sich außerdem nicht allein, sondern nur im Verbund miteinander entwickeln und durch unerwartete Ereignisse höchst irritierbar sind, so wie ein lebender Organismus, dessen Tod niemand vorhersagen kann. Noch nicht einmal die Herren der Welt, die sich, wenn schon nicht im Ernst, dann doch gerne im Geist und auf dem Papier als die Herren der Schöpfung aufspielen.

In Wahrheit befindet sich, wie gesagt, die Geburtenrate schon seit ein paar Jahrzehnten im freien Fall. Die alte Bundesrepublik hatte in den Jahren 1972 bis 1985 das niedrigste Geburtenniveau der Welt. In den letzten hundert Jahren stieg die Lebenserwartung um mehr als dreißig Jahre, der Anteil der Jugendlichen an der Bevölkerung sank dramatisch, der Anteil der Rentner hat sich mehr als verdreifacht. Dennoch ist Deutschland in dieser Zeit zu einem der reichsten Länder der Erde geworden, konnten die Arbeitszeit reduziert und das soziale Versorgungssystem ausgebaut werden. Von Dramatik keine Spur. Von Super-GAU auch nicht. Den gibt es eher in Ländern mit ausgesprochen hoher Geburtenrate. Er hört dort auf die Namen Armut, Unterernährung, Analphabetismus und früher Tod. Wenn wahr wäre, was uns suggeriert wird, dass hohe Geburtenzahlen soziale Sicherheit schaffen, dann wäre es um Ruanda, Indien und den Kongo bestens bestellt. Das alles ist mit Verlaub großer Unsinn. Offensichtlich ist die Geburtenrate nicht der Zentral-Schlüssel für unsere Probleme. Offensichtlich ist Masse noch lange nicht Klasse. Offensichtlich sind wir mal wieder, was wir schon so oft waren: die gutgläubigen Opfer einer männlichen Propagandaschlacht.

Wenn es einen Schuldigen an unserem demografischen Sinkflug gibt, dann ist es die Antibabypille

1,3 Kinder pro Frau sollen der Untergang Deutschlands sein? Wer liegt da nicht alles unter der Messlatte! Und soll sich verantwortlich fühlen für die entvölkerten Ostprovinzen des Landes, in denen die schmucken Häuser leer stehen, wo in den neu errichteten Spaßbädern niemand planscht, wo keiner über die famos ausgebauten Schnellstraßen rauscht, wo die blitzenden Automärkte rechts und links der Straße auf ihren smarten Viertürern mit achtfachem Airbagsystem sitzen bleiben und demnächst womöglich auf Wolfsschlitten umsatteln müssen.

Der unausgesprochene Appell: Kriegt Kinder, und zwar viele, und zwar schnell, um Deutschland zu retten, der tönt aus allen Gazetten. Die »Bild«-Zeitung macht im April 2006 mit einem Titel auf, der kinderlose Karriere-Frauen an den Pranger stellt. Die indirekte Botschaft heißt: Denen ist ihr Erfolg wichtiger als Deutschland. Der »Spiegel« bringt eine Titelgeschichte, in der kinderlosen Frauen vorgehalten wird, sie würden eine »Schöpfungsnotwendigkeit« missachten. Ein Herausgeber der »Frankfurter Allgemeinen Zeitung« sagt in einem Interview, wir hätten in Sachen Kinder an einem »biologischen Programm gefingert«. Aber wer ist »wir«? Das können nur wir Frauen sein. Und was will uns der Mann damit sagen? Natürlich, dass wir das biologische Programm in seinem naturschönen Selbstlauf nicht länger stören sollen. Gebären für Deutschland ist die Parole. Und ich bin heilfroh, dass ich nicht mehr dreiundzwanzig bin.

Mir tun die jungen Frauen leid, die nun ausbaden sollen, was wir Älteren angeblich verbrochen haben. Wir, die wir so viel rumgefingert und die Biologie verstört haben. Wobei »rumgefingert« nicht die passende Metapher ist. Sagen wir lieber: so viel runtergeschluckt haben. Jeden Tag haben wir geschluckt, jahre- und jahrzehntelang. Wir haben so viele Antibabypillen geschluckt, bis wir endlich angekommen sind bei den erbärmlichen deutschlandverschlingenden 1,3 Kindern pro Frau. Wenn es einen greifbaren Schuldigen an den drohenden Engpässen in der Rentenfinanzierung gibt, dann ist es zunächst einzig und allein die von uns seit Jahrzehnten praktizierte verbissene Empfängnisverhütung. Schon wahr.

Für unser Frauenleben finden wir
in der Geschichte nirgends mehr ein Vorbild

Heute ein Kind zu bekommen, das kommt einer künstlichen Befruchtung gleich. Man muss es schon wollen. Man muss die kleinen Dinger beherzt neben der Zahnbürste liegen lassen. Man muss einen Termin beim Arzt vereinbaren und die Spirale entfernen lassen. Man muss den von uns künstlich unterbrochenen Zusammenhang zwischen Sex und Empfängnis wieder in seinen natürlichen Urzustand zurückversetzen. Man muss also etwas tun, man muss den künstlichen Zustand der Empfängnisverhütung in den natürlichen Zustand der Empfängnisbereitschaft zurückverwandeln. Mit anderen Worten: Wir müssen das für uns Normale in das für uns Unnormale verkehren. Ein Schritt, der vielen Frauen schwer fällt. Und auch vielen Männern, die es mittlerweile als natürlich ansehen, dass Sexualität nichts mehr mit ihren historischen Folgen zu tun hat, sondern rein, künstlich rein, genossen werden kann.

Die Annehmlichkeiten dieses künstlichen Zustandes, den wir uns angewöhnt haben für natürlich zu halten, sind uns allen bekannt. Ohne die Pille hätte niemand von uns die Biografie, die er hat. Ohne die Pille hätte ich nicht mit siebzehn mit Lutz durch Sizilien und dann mit neunzehn mit Wolfgang durch Mexiko trampen können. Ohne die Pille hätte ich nicht mit zwanzig in aller Seelenruhe Heidegger und ab dreiundzwanzig, keine reale Berufsperspektive im Blick, Hegel und Schelling lesen können. Schon allein deswegen nicht, weil sehr wahrscheinlich die Folgen der Sizilienreise zu dieser Zeit bereits um zwölf Uhr vormittags aus der Schule nach Hause gekommen wären.

Die Pille hat uns in eine historisch einmalige, vollkommen unvergleichliche Situation gebracht. Sie hat unsere Frauenleben seit einigen Generationen revolutioniert. Und wir, die vierzig- bis fünfzigjährigen Hauptangeklagten, waren die erste Generation, welche die Freiheit einer künstlichen Geburtenregelung in vollen Zügen genossen hat. Wir waren die erste Generation überhaupt, in der Frauen eine Familien- und eine Arbeitsbiografie hatten, ohne die eine der anderen zu opfern oder unterzuordnen. Wir waren die erste Generation, die für ihr Frauenleben in der Geschichte nirgends mehr ein Vorbild fand. Gleichzeitig sind wir die erste Generation, die einen historischen Tiefstand in Sachen Nachwuchs hinterlassen hat.

Wenn wir also wissen wollen, warum wir keine stabilen Familien mehr haben und keine Kinder bekommen und ob wir das ändern können, müssen wir uns unser Leben ansehen. Was ist das für ein Leben, in dem die Familien knapp werden und es zu wenig Kinder gibt? Wie leben wir, wenn wir ohne Kinder leben? Was ist das für eine Welt, in die wir keine Kinder setzen? Wie sehen unsere Biografien aus, in denen Kinder so wenig Platz haben?

2. Kapitel
Die Welt ohne Kinder

Die Welt ohne Kinder kennen wir gut. Aus dem Fernsehen. Aus der jungen deutschen Gegenwartsliteratur. Aus dem Kino. Aus unserem Büroalltag. Aus den Zeitungen, den Illustrierten. Aus den europäischen Großstädten.

Wer hat mitten in Paris zuletzt auf der Straße ein Kind gesehen? Oder in Rom? Oder in Hamburg? Häufiger noch begegnet einem ein Hund oder ein Bettler oder ein Kamel, das um Geld für das Winterfutter bittet. Das ist natürlich übertrieben, aber nur ein ganz klein wenig.

Wahr ist: Keiner unserer bevorzugten Aufenthaltsorte ist für Kinder gemacht oder auch nur geeignet. Wer, wenn er sich die menschlichen Behausungen im deutschen Kriminalfilm oder in den angesagten Einrichtungsmagazinen ansieht, käme auf den Gedanken, in diesen Interieurs Kinder zu vermuten? Das meiste, mit dem wir uns umgeben, ist für niemand anderen gedacht als für eine durchgestylte Idee von uns selbst. Egal, ob Innenstädte, Glaspaläste, Restaurants, Boutiquen, Büros, Konferenzräume, Küchen, Wohnzimmer oder Schlafzimmer. Von einer Trennung der verschiedenen Lebensbereiche kann schon lange keine Rede mehr sein. Egal, ob Muße, Vergnügen, Arbeit, Politik, Wirtschaft oder Liebe. Das meiste sieht inzwischen gleich und auch gleichermaßen kinderfrei aus. Ein Sitzungssaal in einer Chefetage ist vom Wohnzimmer der dort tagenden Herren nur minimal unterschieden. Die Boutique, in der ich mein Nachthemd kaufe, ist dem Schlafzimmer, in dem ich es trage, sehr ähnlich. Und ob man sich im Vorzimmer des Bundeskanzlers oder im Esszimmer seines Steuerberaters befindet, kann man nur nach einer Personenkontrolle feststellen. Unser gesamtes gehobenes Interieur verbreitet denselben edlen hygienischen Sachlichkeits-Charme, der dem Wartezimmer eines Zahnarztes oder einem gehobenen Bestattungsinstitut alle Ehre machen würde.

Die ästhetische Beurteilung ist in diesem Fall aber ganz nebensächlich. Glasierte weiße Keramikfliesen, die sich in weiß lackierten Wandschränken spiegeln, können einem gefallen oder nicht gefallen. Marmorarbeitsplatten mit eingelassenen Cerankochfeldern auf Edelstahlschränken kann man für die ultimative Alternative zur alten Feuerstelle halten. Der neue, komplett verglaste Potsdamer Platz in Berlin mag für manchen die zeitgemäße Antwort auf den alten Stadtmarkt sein. Auf den spiegelglatten Granitboden im lebensrückstandsfreien Wohnzimmer darf stolz sein, wer will. Man kann diese zeitgemäße Bestattungsinstituts-Ästhetik für einfallslos, lebensfeindlich, hochneurotisch und nekrophil halten, wozu ich heftig neige. Man kann sie aber auch als funktional, sachlich, repräsentativ und stilvoll bezeichnen. Darauf kommt es gar nicht an. Interessant ist hier nur: Wer sind wir, wenn wir uns freiwillig, und weil uns das offenbar mehrheitlich gefällt, in diesen Räumen einrichten? Und was sagt das über unsere demografisch dokumentierte Unwilligkeit aus, unsere Zeit in solchen Räumen, auf solchen Plätzen mit Kindern zu teilen?

Wir müssen uns die Welt, die wir uns ohne Not, aus eigenem Antrieb so gestaltet haben, wie sie uns gefällt und unseren seelischen Bedürfnissen entspricht, genau ansehen, um zu verstehen, warum wir eine kinderlose Gesellschaft sind. Und zwar nicht nur zufällig und weil ein paar familienpolitische Schrauben falsch gestellt sind, sondern weil wir so sind, wie wir sind. Weil wir so leben, wie wir leben. Sehen wir uns die Welt näher an, in der wir keine Kinder mehr bekommen, wird uns klar, wie paradox, wie scheinheilig es ist, im Zentrum dieser Glaspalast-Welt zu sitzen und junge Frauen dazu anzuhalten, wieder auf die Stimme der Natur zu hören.

Die Kindheit der späteren Kinderverweigerer stand im Zeichen eines körperlich-seelisch-geistigen Ungleichgewichts

Überhaupt: Was soll denn das sein? Die Natur? Natur, das ist nicht schwer festzustellen, kommt in unseren Lebensabläufen so gut wie nicht mehr vor. Das ist weder unser Verdienst noch unsere Schuld, sondern einfach eine Tatsache. Sicher ist dabei: Auch auf dem Gebiet der Naturentwöhnung hat meine Generation Spitzenleistungen zu bieten. Wir heute vierzig- bis fünfzigjährigen Zeugungs- und Gebärstreikenden sind die erste Generation, die in ihrer Kindheit wahrscheinlich mehr Zeit vor dem Fernseher als auf dem Spielplatz verbracht hat. Wir sind die erste Generation, an der die Technifizierung, Spezialisierung und Rationalisierung der Wissensvermittlung in der Schule erprobt wurde. Wir sind die Ersten, die ins Sprachlabor geschickt wurden, um eine Sprache zu lernen. Die Ersten, bei denen auf das humanistische Ideal einer möglichst umfassenden Bildung im großen Stil verzichtet, auf frühe Spezialisierung gesetzt und an denen folglich das Kurssystem ausprobiert wurde. Die Ersten, die in der Schule ihre Zeit damit verbrachten, Computer zu programmieren, Gebrauchsanweisungen zu analysieren oder Lückentexte auszufüllen. Die sogenannte Bildungskatastrophe kam zwar erst nach uns. Und die sture Paukerschule lag zum Glück weit hinter uns. Trotzdem kann man sagen: Wir waren die ersten staatlich geförderten Bildungszombies.

Die sinnliche Anschauung, die eigene Lernerfahrung, das tiefere Verständnis des Gelernten, sein Zusammenhang mit anderen Wissensgebieten traten in unserer auf schnelle und pragmatische Lernergebnisse angelegten Schulausbildung besonders stark in den Hintergrund. Besonders stark, weil wir die Versuchskaninchen dieser pädagogischen Anpassungsbemühung an die Moderne waren und weil man alles, was man zum ersten Mal ausprobiert, besonders gründlich macht. Die alten ganzheitlichen Ideen der deutschen Reformpädagogik mit ihren antiquierten Maximen – erklär' es mir und ich vergesse, zeig' es mir und ich erinnere, lass' es mich tun und ich verstehe – hat man in unserer Schulzeit zugunsten einer vermeintlich schnellen, effizienten, ergebnisorientierten, ja, es reizt mich zu behaupten, profitorientierten Lerndressur in die Rumpelkammer der Kulturgeschichte verbannt. Die einfache Erkenntnis, nach der man alles, was gut werden soll, möglichst mit Kopf, Herz und Hand tun sollte, ist in unserer kindlichen Sozialisation genauso außer Acht gelassen worden wie jedes andere, nicht unmittelbar Nutzen versprechende Bildungsideal.

Mit dem Kopf waren wir, die zukünftigen Gebär- und Zeugungsverweigerer, meistens im »Raumschiff Enterprise« oder mit Little Joe auf der »Bonanza«-Ranch. Wo unser Herz dabei war, ist mir bis heute ein Rätsel. Einen körperlichen Ausgleich für das viele Stillsitzen vor den amerikanischen Spielfilmserien und das Lerngehippel mit den Lückentexten und Gebrauchsanweisungen hatten die wenigsten von uns. Wir waren viele, die Wohnungen waren klein, die Leute noch nicht so reich wie heute. Die Spielplätze waren auf dem Höhepunkt des Babybooms beklagenswert. Mittags zwischen eins und drei, zur besten Spielzeit, mussten wir in unsere winzigen, vollgestopften Kinderzimmer, damit die Rentner und Kriegswitwen ungestört Mittagsruhe halten konnten. Die »Erfahrungsräume«, von denen heute bekannt ist, dass Kinder sie für eine gesunde Entwicklung ganz gut brauchen können, gab es in den deutschen Großstädten nicht. Die Pädagogik, die sie hätte einfordern können, nahm noch niemand zur Kenntnis. Was es gab, waren große Parkplätze, auf denen wir zwischen den Firmenwagen der Väter herumstanden. Es gab unter der seelischen Last des Wirtschaftswunders und der verdrängten Vergangenheit zusammenbrechende oder resigniert vor sich hin dümpelnde Ehen. Es gab überforderte und überarbeitete Väter. Und unsere unter dem Konformitätsdruck der jungen Industriegesellschaft ächzenden, unablässig putzenden, waschenden und aufräumenden, nervösen und hektisch aufgekratzten Hausfrauenmütter.

Natürlich gab es auch damals glückliche Ausnahmen, Familien, die sich dem Zeitgeist widersetzten. Trotzdem kann man sagen, dass die Kindheit der späteren Kinderverweigerer im Großen und Ganzen im Zeichen eines körperlich-seelisch-geistigen Ungleichgewichts stand. Es ist in der Nachkriegszeit viel über den autoritären Charakter gesprochen worden, dem wir angeblich erst den Wilhelmismus und dann den Faschismus zu verdanken hatten. Dem künstlichen Charakter, der währenddessen auf den Parkplätzen in Wirtschaftswunderdeutschland herumstand, sich die Langeweile mit amerikanischen Vorabendserien vertrieb und die Nation ein paar Jahrzehnte später in den demografischen Notstand manövrieren sollte, schenkte damals niemand Beachtung. Diese neue Anormalität erschien den meisten schon wieder normal.

Judith Kuckart, eine Schriftstellerin meiner Generation, hat diese Selbstverständlichkeit, mit der das Unnatürliche unserer Existenz hingenommen wurde, in einem Roman über unsere Kindheit in der alten Bundesrepublik auf eine einfache, refrainartig wiederkehrende Formel gebracht: Alle lebten so. Die Eltern genauso wie die Kinder. Die Nachbarn links genauso wie die Nachbarn rechts. Niemand hielt die Enge, die sinnliche Erfahrungsarmut und Körperfeindlichkeit unseres Lebens für beachtenswert. Es war eben so: Gefühl, Intellekt und Körper gingen getrennte Wege. Bis zu den edlen leichenhallenartigen Wohnlandschaften, in denen unsere hippsten Generationsgenossen sich inzwischen am wohlsten fühlen, war es von dort gar nicht mehr weit.

Dennoch ging es den späteren Kinderverweigerern so gut wie niemandem zuvor

Aber Halt! Natürlich war unsere Jugend keine Leidensprozession auf dem Marterpfad des wiedererblühten Kapitalismus. Das wäre ein falsches Bild. Im Gegenteil: Wir waren die erste Generation, der es richtig gut ging. Bei uns gab es jeden Tag Fleisch, jedes Jahr Sommerurlaub, jeden Abend ein warmes Bad, alle paar Jahre ein neues Fahrrad. Um uns kümmerte sich der Schulzahnarzt, wir wurden geimpft, sauber und warm gekleidet, uns hat man sogar die Unterhosen gebügelt. Wir litten auch nicht die kleinste Not. Wir sind nämlich auch die Ersten, bei denen der industrielle Wohlstand richtig ankam. Von Anfang an und bis heute leben wir in einer körperlichen Bequemlichkeit – jeden Tag frisches Obst und Gemüse, jeden Morgen eine warme Dusche, zwei- bis dreimal im Jahr Urlaub –, wie sie welthistorisch einmalig sein dürfte. Besser als das späte Rom, und auch für – beinahe – alle.

Pille und Spirale haben unser Liebesleben entspannt und uns experimentierfreudig werden lassen. Sie haben uns kinderfreie Lebenszeit geschenkt, die wir für Weltreisen, Berufserkundung, Beziehungschaos, Selbstfindungsmarathons oder ausgedehnte Studien nutzen konnten. In einem Alter, in dem meine Großmutter bereits ihr drittes Kind erwartete, durfte ich mich ein ganzes Jahr ausschließlich der Analyse der lyrischen Prosa von Stéphane Mallarmé widmen. Und das, obwohl ich im besten gebärfähigen Alter war und mit einem Mann zusammenlebte, der zumindest nach grober Schätzung durchaus einen passablen Vater abgegeben hätte. Die Herren Demografen, würden sie uns heute bei etwas Derartigem erwischen, schlügen die Hände über dem Kopf zusammen.

Und haben sie nicht Recht? Es ist den jungen Frauen in der jüngsten Vergangenheit immer wieder der dringliche Vorschlag gemacht worden, das Kinderkriegen nicht auf die letzten fruchtbaren Jahre zu verschieben, sondern dies möglichst noch vor oder in der Studienzeit zu erledigen, um sich hernach dem Wirtschaftsleben mit ungebremster Kraft zur Verfügung stellen zu können. Warum also konnte ich nicht tun, was meine Großmutter noch konnte? Warum konnte ich nicht zwischen zwanzig und sechsundzwanzig mindestens drei Kinder bekommen?

Etwas war anders. Nicht nur die von meiner Großmutter in keiner Weise geteilten Interessen für die lyrischen Experimente des französischen Symbolismus trennten uns. Ganz anders war auch unsere soziale Lage. Obschon im schönsten gebärfähigen Alter, war ich in jenen Jahren auf den monatlichen Scheck meines Vaters angewiesen. Mein Gefährte, ein vom deutschen Subventionstheater notorisch unterschätzter Theaterregisseur, lebte von der Arbeitslosenhilfe. Sollten wir also unseren jeweiligen Geldgebern wirklich noch ein Kind auflasten? Wir – und mit uns einige hunderttausend andere Akademiker unserer Generation, denen es so oder ähnlich ging – fanden das unpassend.

Dabei war das Großstadtleben damals, anders als heute, durchaus bezahlbar. Damals gab es noch so eine märchenhafte Immobilie wie die ofenbeheizte Dreizimmerwohnung mitten in Frankfurt am Main für 320 Mark Miete. Das gute Stück dürfte inzwischen unter 900 Euro nicht mehr zu beziehen sein. Neben uns wohnte ein Ehepaar mit Kind, der Vater verbrachte so manche Nacht betrunken vor der Wohnungstür. Unter uns wohnte eine Prager Familie mit Kind, ein blasser, rehäugiger Junge der – wie ich Jahre später in der Zeitung las – seine Mutter und seinen Stiefvater, eine Ingenieurin und einen Journalisten, eines Tages mit einem Messer abschlachten sollte, weil sie ihm ihr Wohnmobil nicht kampflos überlassen wollten. Glückliche Familienvorbilder waren also rar.

Im Haus gab es nur eine Familie mit einem kleinen Baby. Es gehörte zu einem arbeitslosen Lehrer und seiner thailändischen Freundin, die ihre Tage nicht im philosophischen Seminar verbrachte, sondern ihrem unbeschäftigten deutschen Akademiker dabei half, einen florierenden Flohmarkthandel mit alten Tischen und Schränken zu betreiben. Das kam für uns noch nicht infrage. Andere junge Eltern gab es in unserem Umfeld, in den Doktorandenkolloquien, in den Theaterkantinen und in den Fernsehredaktionen, in denen ich erste journalistische Erfahrungen sammelte, weit und breit nicht.

Die kurzen Anflüge von Kinderwunsch, kombiniert mit ein paar verwegenen Robinson-Crusoe-Phantasien (das Kind kann doch auch in einem Pappkarton schlafen, die Strampler kaufen wir im Secondhand-Laden, Kinderwagen machen Kinder sowieso unglücklich), legten sich in dieser Gesellschaft immer wieder schnell. Wirklich viele Kinder gab es nur auf der anderen Straßenseite, in dem heruntergekommenen Neubau, aus dem bis kurz vor Mitternacht das Geschrei und die türkische Musik aus den offenen Fenstern drangen. Kinder kamen bei uns einfach nicht vor. Schon wieder war es da, das große, hermetische Alle-lebten-so.

In unseren Lebensläufen schien die Kindheit nie aufzuhören

Unser Leben hatte, verglichen mit dem meiner Großmutter, ungeheure Vorteile. Der wichtigste Vorteil hieß Zeit. Wir hatten Unmengen an Zeit, ganz für uns allein. Wie, frage ich mich heute, haben wir, die wir alle dreißig, vierzig Jahre und viele von uns sogar lebenslang kinderfrei hatten, wie haben wir diesen ungeheuren Berg an Zeit, der uns dadurch geschenkt wurde, eigentlich abgetragen? Mit anderen Worten: Was haben wir eigentlich gemacht, während die Türken sich auf der anderen Seite der Straße mit ihren Kindern beschäftigt haben?

Sicher ist, dass wir eigentlich nie das Gefühl hatten, viel Zeit zu haben. Das klingt empörend, ist aber nicht verwunderlich. Denn Zeitkonten, Zeitverbrauch, Zeitknappheit und

Zeitüberfluss sind mit keinem objektiven Messinstrument verbindlich festzuhalten. Jeder lebt nach einer anderen Uhr, für jeden ist ein Tag eine andere Einheit, und uns alle verbindet die Neigung, unsere Tage so einzutakten, dass uns das Gefühl für ihre Dauer abhanden kommt. Das Ergebnis dieses Manövers nennt man Alltag.

Mein spezieller Alltag entsprach jahrelang dem eines intellektuellen Rentnerpaares. Und auch damit war ich sicherlich nicht allein. Es waren just die Jahre, welche die Natur ursprünglich für die Elternschaft vorgesehen hat und die ich mit Hilfe der Pharmaindustrie in eine splendide Studienzeit verwandeln konnte. Meine Tage waren nicht spektakulär, ich nutzte meine Zeit nicht dazu, auf den Mount Everest zu steigen, durch China zu radeln, die Robben vor Spitzbergen zu verteidigen oder verirrte Braunbärbabys in den kanadischen Wäldern einzufangen. Ich hatte gar nicht das Gefühl, in einer privilegierten Situation zu sein, Zeit für ungewöhnliche Lebensexperimente zu haben. Im Gegenteil. Wir schliefen lange in unserem kleinen intellektuellen Frührentnerhaushalt, weil wir nachts lange diskutiert und gelesen hatten. Frühstückten diskutierender- und lesenderweise im Bett. Danach ging es ins Seminar. Abends noch einen Spaziergang durchs Viertel. Zum Abschluss gab es auf dem Fußboden vor den Fernsehnachrichten hockend schnell noch ein paar Brote, die wir – weil uns alles andere als die Kunst, die Literatur, das Theater offenbar völlig gleichgültig war – schnell bei »Penny« geholt hatten (das unterscheidet uns von unseren popintellektuellen Nachfahren, die sich immerhin bei dem ganzen Gerede noch dafür interessieren, welches Dressing auf ihren Rucola-Salat kommt). Die Nacht verbrachte ich über meinen Seminararbeiten, mein vom Subventionstheater verschmähter Künstlergefährte sortierte nebenan seine kostbare Büchersammlung, nach Mitternacht, wenn auch im Haus gegenüber endlich alles ruhig war, wurde alles Gelesene und Geschriebene und Gedachte und Gehörte noch einmal gründlich durchgesprochen. Das dauerte bis zum Morgengrauen.

Mit der Außenwelt, mit Arbeitskollegen, mit unseren Familien, mit einem lebendigen Netz aus Freunden, Verwandten und Nachbarn hatten wir wenig zu tun. Wir waren, was viele neben uns auch waren: intellektuelle Raumkapseln, hochspezialisiert und lebensfremd, schlecht sozialisiert und alltagsuntauglich. Schon die Zubereitung einer selbst hergestellten Gemüsesuppe war in jener Zeit ein seltenes Wagnis, die Reparatur eines defekten Schreibtischstuhls war uns nicht zuzumuten. Wenn wir Urlaub machten, setzten wir uns wochenlang auf ein und denselben Campingstuhl vors Zelt, um endlich Marcel Prousts Roman »Auf der Suche nach der verlorenen Zeit« zu lesen. Kinder, über die wir gar nicht sprachen, die für uns in eine unerreichbare Parallelwelt zu gehören schienen, hätten uns heillos überfordert. Rein handwerklich gewissermaßen. Vom Rest gar nicht zu reden.

Heute wird viel vom Egoismus der gebildeten kinderlosen Paare gesprochen. Es wird ihnen unterstellt, sie könnten von ihrem Wohlleben nicht lassen, hätten verlernt zu teilen, fürchteten um ihren Malediven-Urlaub, ihren Zweitwagen und dergleichen Schnickschnack mehr. Ich glaube nicht, dass es sich bei den beschriebenen Verkrüppelungen eines akademischen Lebens in den gebärfähigsten Jahren um Egoismus gehandelt hat. Eher um eine nicht klar zu definierende Mischung aus finanzieller Unselbständigkeit, kindlichen Versorgungsansprüchen (wenn das Subventionstheater mich nicht will, muss der Staat mich eben unterhalten; solange ich Hegel studieren will, muss mein Vater eben zahlen), alltäglicher Lebensunfähigkeit und allgemeiner Spintisiererei, wie sie sich auf sozialen Isolierstationen gerne einstellt. Will man uns böse, so könnte man sagen: Wir waren nicht nur die ersten Bildungszombies, wir sind auch die ersten Studienzombies, Kulturzombies, Kunstzombies, Medienzombies, ja, sagen wir doch gleich – Lebenszombies. Aber das geht nun doch zu weit.

Wir profitierten vom Luxus intellektueller Freiheit

Was wir bei derartigen Selbstbezichtigungen vergessen, sind die Freiheiten, die wir unserem umfassenden Zombietum verdankten. Wir lebten ja nicht nur so wie Frührentner oder wie ewige Kinder, wir hatten auch alle Annehmlichkeiten dieses materiell zwar schwach gesegneten, aber sozial völlig ungebundenen Zustandes. Ich war nicht gezwungen, mein Studium so zu gestalten, dass ich in den paar vormittäglichen Kindergartenstunden schnell und effizient für die lebensnotwendigen Scheine und Prüfungen lernen musste. Ich durfte mich den absonderlichsten und scheinbar nutzlosesten intellektuellen Interessen hingeben. Durfte Ludwig Wittgenstein und Roland Barthes, Friedrich Nietzsche und Friedrich Schlegel, Franz Mon und Franz Kafka ausgiebig studieren, ohne dass mich jemand gefragt hätte, wozu das einmal Nutzen bringen solle und ob das denn die stundenlange kostspielige Fremdbetreuung eines kleinen Kindes wirklich aufwiege.

Heute, wo jeder soziale, intellektuelle und künstlerische Luxus zur Disposition steht, kann man sich über solche ausgedehnten kommerzberuhigten Zonen des Lebens leicht erregen und sie angesichts des Schuldenberges, der Rentenkatastrophe und ähnlicher Unbill für entbehrlich halten. Dafür mag manches sprechen. Aber das Gegenmodell, ein zügiges, von der Aufzucht mindestens zweier Kinder begleitetes, strikt berufsorientiertes Studium, fest eingekastelt in einen Stundenplan von morgens neun bis nachmittags um vier, ergänzt um die Elternabende und Bastelnachmittage in der Krabbelgruppe, die Sonntage auf dem Spielplatz und die Nächte am Kinderbett, nein, das Gegenmodell ist auch noch nicht die Lösung.

Was unserem Leben fehlte, war vor allem das Lebendige

Fassen wir noch einmal zusammen. Die Frage lautete: Wie und wo leben wir eigentlich und warum passen in dieses Leben keine Kinder? Eine Teilantwort hieß: Wir, die Hauptschuldigen an den demografischen Verwerfungen in Deutschland, leben seit unserer Kindheit in einem auffälligen Ungleichgewicht zwischen körperlichen, seelischen und geistigen Aktivitäten. Wir haben zombiehafte Einseitigkeiten in unserer Schulausbildung und unserer kindlichen Freizeitausübung erlebt, wir haben wenig gespielt und viel ferngesehen, haben die Welt nicht mehr frei erkunden können, sind häufig in sozial sehr ausgedünnten Netzen aufgewachsen, hatten wenig Kontakt mit anderen Familien, kannten wenige Menschen, die noch etwas selbst herstellen können, sind folglich auf die Maschinen, Fertigprodukte und Automaten in unserer unmittelbaren Umgebung stets angewiesen gewesen, haben mit natürlichen Vorgängen, etwa mit der Geburt und dem Tod von Tieren und Menschen, überhaupt mit dem Zyklus von Werden und Vergehen wenig oder nichts mehr zu tun gehabt.

Unsere Welt war mehr oder weniger statisch, beinahe zeitlos. Die Spielzeuge, mit denen wir es als erste Generation in industrieller Massenanfertigung zu tun hatten, waren aus abwaschbaren und nahezu unvergänglichen Materialien. Die Menschen in den Fernsehserien, mit denen wir lebten, alterten und starben nicht. Sie bekamen auch keine Kinder, und die, die sie schon hatten, waren wie von Zauberhand in ihren totenkultartig aufgeräumten Wohnzimmern gleich mit aufgeräumt worden. Die Signatur der Vergänglichkeit war aus unserem Leben weitgehend gelöscht.

Die Zeiteinheit, die unser Leben bestimmte, war der korrekt ausgefüllte Lückentext. Der fehlerfrei absolvierte Sprechakt. Der rundum geglückte Urlaub im Hotelressort. Die nächste, unverbundene Folge der Serie.

Was uns fehlte, war Zusammenhang. Uns fehlte der Zusammenhang des Gelernten in der Schule, der Zusammenhang unserer historischen Situation in der Geschichte, der Zusammenhang des sozialen Netzes und sogar der Zusammenhang von Geborenwerden, Jungsein, Reifsein, Altsein und Sterben. In einer etwas feierlicheren als der heute üblichen Redeweise könnte man sagen: Uns fehlte das Lebendige. Und es fehlt uns offenbar immer noch.

Schuldige für dieses zusammenhanglose Haschen nach Lebens- und Wissenshäppchen auszumachen ist müßig. Unseren Eltern und Großeltern wurde der eigene biografische Zusammenhang buchstäblich unter den Füßen weggerissen. Lebensläufe waren entwertet, Väter entehrt, Brüder umsonst gefallen, Überliefertes wurde ungültig. In diesem historischen und biografischen Bruch entfaltete sich das deutsche Wirtschaftswunder nach amerikanischem Vorbild und mit

allen medialen und mentalen Begleiterscheinungen in seiner
bis heute trotz aller Krisen unerschütterlichen Selbstherr-
lichkeit. Wir verdanken diesem Wunder viel, unsere Freiheit,
unseren Wohlstand, unseren Spaß, unsere Bildung – und
womöglich bald unser Aussterben.

Ausgerechnet die Erfolgszombies rufen zur Rückkehr zur ersten Natur auf

Wie sieht ein beliebiger Tag eines Angehörigen der gehobenen Mittelschicht in Deutschland aus? Eine zugegeben un-
gehörige, weil ungehörig verallgemeinernde Frage. Aber doch
in einem weitgehend standardisierten Arbeits- und Konsumen-
tenleben nicht ganz unbeantwortbar. Er wird geweckt von
den sanften Klingeltönen seines Handys, er nimmt eine heiße
Dusche und setzt seine Espressomaschine in Gang. Er steigt
in seinen Anzug, montiert das Handymikrophon hinterm
Ohr, packt sein Notebook, sein Handy und seine Unterlagen
in den schwarzledernen Pilotenkoffer, hat am Vorabend bereits das Taxi bestellt und fährt zum Flughafen. Es ist zwar
schon Spätherbst, aber einen Mantel kann er zu Hause lassen,
denn er wird bis zum Abend schätzungsweise zehn bis fünfzehn Schritte im Freien gelaufen sein. Im Flughafen zieht er
sein elektronisches Ticket aus dem Lufthansa-Automaten
und begibt sich zum Gate. Über die Gangway erreicht er seinen Sitzplatz, die Flugzeit nach Frankfurt beträgt fünfund-
vierzig Minuten, er trinkt weiterhin Kaffee, im Frankfurter
Airport hat er die längste Laufstrecke des Tages zu absolvieren:
Bis zum City-Shuttle ist er gut fünfzehn Minuten zu Fuß
unterwegs. Von da ab geht alles wie früher im Kinderwagen.
Abgeschirmt, behütet, ungestört rollt unser Mann durch den

weiteren Tag, vom Shuttle ins Taxi, vom Taxi in den Lift, vom Lift zum Meeting, vom Meeting im Taxi zum Dinner, vom Dinner mit dem Taxi zum Shuttle, vom Shuttle leider wieder zu Fuß zur Gangway, von der Gangway in den Flieger, vom Flieger zur Gangway, ins Taxi, Anzug, Handymikro aus, Fernseher, *Casual Dress* an, Penne al irgendwas in die Mikrowelle, Bier, Feierabend. Und immer so weiter. Diesmal wirklich keine Übertreibung, allenfalls eine Kurzfassung.

Das in etwa ist aus der sogenannten Natur des Menschen heute geworden, einer Natur, die von den Herren im Shuttlebusverkehr inzwischen wieder so lebhaft eingeklagt wird. Freilich nicht für sich selbst, sondern für ihre jungen Gefährtinnen, die sich von den ursprünglichen Modalitäten des Lebens allerdings inzwischen genauso weit entfernt haben wie sie selbst.

Der Mensch ist das anpassungsfähigste Tier, das die Evolution je hervorgebracht hat. Es überlebt in Höhlen und Urwäldern genauso unverwüstlich wie in Bürotürmen und Sportwagen. Es wird satt, wenn es sich seinen Rehbraten selber erjagen muss und ebenso, wenn es ihn nur aus der Tiefkühltruhe holt. Es kann fünfzehn Stunden am Tag durch die Savannen ziehen oder fünfzehn Stunden vor dem Bildschirm verbringen. Es kann seine Intelligenz erfolgreich in den Fallenbau für Antilopen oder genauso gewinnbringend in eine Werbestrategie für Antifaltencreme investieren. Es kann seinen Lebensunterhalt mit dem Knüpfen von Fischernetzen oder mit der Herstellung des RTL-Nachtprogramms verdienen. Es kann sein Weibchen mit einer geschnitzten Knochenkette oder mit einer Ausfahrt im Porsche beeindrucken. Und ewig so weiter auf der Fortschrittsleiter. Auch wenn es paradox klingt, so ist es doch wahr: Wenn man überhaupt von der Natur des Menschen reden kann, so besteht sie offensichtlich darin, dass er keine hat. Warum soll dann ausgerechnet das Kinderbekommen zu den angeblich unveräußerlichen natürlichen Eigenschaften zählen?

Es ist merkwürdig: Es sind im Augenblick gerade diejenigen, die es sich in der dritten, vierten oder fünften Natur äußerst bequem gemacht haben, denen die Sache plötzlich unheimlich wird. Es sind Leute, die ihr Geld mit dem Verkauf von Publikationsorganen verdienen, die sich, um es milde auszudrücken, den Interessen der Industriegesellschaft in keiner Weise in den Weg stellen. Leute, deren Profession es ist, in einem milliardenschweren Massenmedium zielgenau vorgeformte Publikumsformate auszufüllen, es sind gut ausgestattete Soziologieprofessoren und ehrenwert ergraute Feuilletonisten, mit anderen Worten: Es sind nicht die grünen Fundamentalisten, es ist nicht *Greenpeace* oder irgendeine *Mother-Earth*-Sekte, es sind die Erfolgszombies höchstpersönlich, die zur Rückkehr zur ersten Natur aufrufen.

Sie selbst sind natürlich die Letzten, die solchen Aufrufen Folge leisten. Gefolgschaft erwarten sie allenfalls von ihren Frauen und Töchtern. Der unüberbrückbare Abstand zwischen verschriftlichtem Ideal und gelebter Wirklichkeit macht ihre Appelle und Aufschreie unglaubwürdig. Warum halten uns Väter, die ihre Kinder verlassen haben, Elogen auf die Überlebenskraft der Familie? Warum erklären Mütter, die ihre Tage in Fernsehstudios verbringen, plötzlich die Herstellung des Familiensegens zur allein selig machenden Frauensache? Wie kommt ein Massenblatt, dessen Produktionsbedingung es ist, die Würde des Menschen kalkuliert zu missachten, auf die Idee, im Namen der menschlichen Natur das Kinderkriegen zu empfehlen? Haben die denn alle ihr eigenes Leben so gründlich satt? Das ist nicht zu befürchten. Allem Anschein nach fühlen die sich doch alle in der Welt, so wie sie sich sie geschaffen haben, ganz wohl. Abgesehen von dem schmerzlichen Schönheitsfehler, dass es in dieser Welt immer weniger Kinder gibt und immer mehr Ehen zerbrechen.

Wir leben in einem unlösbaren Paradox: Wir sitzen im Paradies, doch leider wird es mangels Nachfrage demnächst geschlossen. In dieser schier ausweglosen Situation kommen die klügsten Köpfe eben auf die Idee, dass man beides haben müsste: die hochindustrialisierte, luxuriöse maskuline Spätmoderne, gewürzt mit einer Prise femininem Urmenschentum, das müsste doch zu schaffen sein.

Wir wissen nichts über das Glück der Naturvölker

Was ist denn nun überhaupt dran an der Rede von der ersten Natur des Menschen, den ewigen Gesetzen und natürlichen Kreisläufen? Gibt es die oder sind sie bloße Erfindungen von Jean-Jacques Rousseau, Turnvater Jahn und der deutschen Lebensreformbewegung? Hat es je den edlen Wilden gegeben, der ganz aus sich selbst heraus richtig zu leben verstand, im Einklang mit den Rhythmen der Natur und den Bedürfnissen seiner Seele und seines Körpers? Eine Spezies, die glücklich aufwuchs, sich stabil paarte, Kinder bekam, wenn es Zeit dazu war, zufrieden alterte und erfüllt und lebenssatt sterben konnte?

Verlässliche Kunde darüber gibt es nicht. Vereinzelte Nachrichten von angeblich glücklichen Urvölkern hingegen durchaus. Die amerikanische Forscherin Jean Liedloff will im Dschungel Venezuelas eine von der Zivilisation noch unberührte Menschenart, die Yequana-Indianer, getroffen haben, die das Unglück nicht kannten. Ob das den Tatsachen entspricht oder wir die Signale eines anders gearteten Indianerunglücks nur nicht empfangen können, bleibt dahingestellt. Liedloff war davon überzeugt, bei den Yequana eine der Evolution gemäße und folglich vollkommen harmonische Lebensführung entdeckt zu haben.

Das Geheimnis der Yequana, so glaubte sie, bestand darin, sich in jeder Lebensphase die dieser Phase zukommenden Bedürfnisse vollständig zu erfüllen, nichts aufzuschieben und sich nichts zu versagen. Jeder erfüllte Wunsch macht auf diese Weise dem nächsten Platz, so dass kein Rest offen bleibt, in dem die Unzufriedenheit, die vergebliche Mühsal der ständig wechselnden Ersatzbefriedigungen sich einnisten könnte. Das Verlangen zu spielen wird erfüllt und weicht dem Verlangen zu arbeiten. Hat man das Verlangen, einen Mann oder eine Frau zu finden, gestillt, wächst das Verlangen danach, gemeinsam Kinder zu haben. Wenn das Bedürfnis der Erwachsenen, ihre Kinder aufzuziehen und ihre Pläne auszuführen, wiederum befriedigt wurde, meldet sich das Verlangen, die Seinen zu unterstützen und dem Weltenlauf in Frieden zuzusehen. Wenn auch dieser letzte Wunsch erfüllt ist, bleibt nur noch der Wunsch auszuruhen, nichts mehr zu wissen und aufzuhören.

Die Voraussetzung für einen glücklichen, den Menschen tief zufriedenstellenden Durchlauf durch die Wunschkette ist jedoch, dass kein essenzieller Wunsch in irgendeiner Lebensphase je unerfüllt bleibt, weil nur erfüllte Wünsche echten, das heißt dem Lebensalter angemessenen neuen Wünschen Platz machen können. Wenn das gelingt, ist es vollkommen unmöglich, andere zu beneiden oder sich ein anderes Alter als das eigene zu wünschen, mitsamt den

Freuden, die es mit sich bringt – bis zum Tod und diesen eingeschlossen.

Zum Glück gibt es Gründe, die Unerschütterlichkeit dieses Forschungsergebnisses zu bezweifeln. Woher will man so genau wissen, wann sich ein Wunsch wirklich erfüllt, was ein echter und was nur ein Ersatzwunsch ist? Und welcher westliche Forscher sieht einem Yequana-Indianer wirklich ins Herz, begreift alle Bedeutungsnuancen seiner Sprache? Doch sollte Liedloff trotz solcher Bedenken eine zutreffende Beobachtung gemacht haben und sollten ihre Erkenntnisse auf zivilisierte Menschen übertragbar sein, wäre es nicht gut um uns bestellt. Was ist, wenn sie Recht hat?

Unser Eingriff in die natürlichen Kreisläufe ist irreversibel

Kommen wir noch einmal zurück auf den Herrn im Shuttlebusverkehr und seinen Zwölfstundentag zwischen Flieger, Meeting, Büro und Fernseher. Wenn wir, was heutzutage ein wenig naiv klingt, einfach davon ausgehen, dass für jedes Körperteil des Menschen eine naturgemäße Beanspruchung vorgesehen war – für die Zähne das Kauen, für die Beine das Laufen, für die Gebärmutter das Gebären, für die Brüste das Säugen, für die Hände das Greifen, Werfen, Festhalten und so weiter –, dann muss man sagen, dass dieser Mann im Sinne einer naturgemäßen Nutzung seiner Körperteile eine verkrüppelte Existenz führt. Das Gleiche gilt vermutlich für seine Freundin, die zwischen Fitnesscenter, Büro, Kino und *Coffeeshop* ein vielleicht etwas abwechslungsreicheres, aber im Hinblick auf die naturgemäße Nutzung ihrer Körperteile ähnlich beklagenswertes Leben führt.

Verwerflich ist das keineswegs. Selbst das Schaf hat aus irgendeiner längst überwundenen evolutionären Phase noch einen Schwanz übrig, den es zu nichts mehr gebrauchen kann. Was ist also dabei, wenn wir den größten Teil unserer altmodischen evolutionären Ausstattung zwar pfleglich behandeln, anständig bekleiden und ärztlich versorgen lassen, aber ansonsten einfach nicht weiter beachten?

Es gibt keine moralische Verpflichtung zu einem den naturgemäßen Möglichkeiten entsprechenden Leben. Aber im Hinblick auf die Frage, was für ein Leben wir führen, wenn in diesem Leben offensichtlich kein Platz mehr für Kinder ist, spielt die Distanz zu den grundlegenden Vorgaben der Natur eine wichtige Rolle.

Manchmal versuche ich mir vorzustellen, wie wir, könnte uns heute einer unserer lange verstorbenen Vorfahren – vielleicht ein Steinmetz oder ein Fassbinder – einen Tag lang beobachten, in seinen Augen eigentlich aussehen. Gut möglich, er hielte uns dem äußeren Anschein nach für chronisch erkrankt. Womöglich für Zwangsarbeiter, die mit minimalen Bewegungscodes maximale Ergebnisse erwirtschaften müssen. Für Leute ohne charakteristische Gesten, ohne sprechendes Mienenrepertoire, ohne Körpersprache, schlafwandelnd durch eine Welt ohne prächtige Stoffe, ohne kraftvolle Farben, ohne ansprechende Gerüche, ohne das Konzert natürlicher und mechanischer Geräusche. Wundern würde sich dieser Vorfahre, wenn er hörte, dass wir keine Vogelstimmen unterscheiden können, die Namen für Bäume und Sträucher nicht wissen, keine Sternbilder am Himmel erkennen, nicht wissen, wie das Wetter wird, nicht singen, nicht springen und nicht klettern können.

Damit will ich natürlich nicht sagen, dass dies alles unabdingbare Voraussetzungen für eine erfolgreiche Elternschaft sind. Wenn das so wäre, dann wäre unser Aussterben besiegelt. Aber ganz ohne Folgen für unseren Fortpflanzungstrieb, der durch Jahrmillionen und noch vor wenigen Generationen ganz passabel in Gebrauch war, kann die nahezu vollständige Abschirmung von den ursprünglichen Lebensumständen und die beträchtliche Verarmung unserer sinnlichen Erfahrung nicht sein.

Es ist ein Allgemeinplatz der alten linken und neueren rechten Kulturkritik, die Industriemoderne habe die ursprünglichen vitalen menschlichen Bedürfnisse an ihrer artgemäßen Befriedigung gehindert und in Ersatzsehnsüchte umgeleitet, die ewig unerfüllbar und damit dem Wirtschaftswachstum ewig förderlich seien. Beispiele für diese altehrwürdige Behauptung findet man an jeder Straßenecke. Das mit Geldstücken zu betreibende Wackelpferdchen vor »Schlecker« ersetzt das Pony im Stall. Die Familiendramen in den Fernsehserien ersetzen die selbst erlebten. Die gekaufte Fürsorge einer Pflegerin oder Kinderfrau ersetzt die der Familie. Die Minnelieder für die Liebste singt das Autoradio aus vier Lautsprechern. Die Hochzeitsfeier kauft man sich bei »Kempinski«. Statt durch Kornfelder rennt man auf dem Laufband. Statt die Welt zu erkunden, bucht man eine nach maximaler Erlebnisdichte durchgetaktete Abenteuerreise. Statt nach Feierabend angeln zu gehen, stellt man sich an die Häppchentheke von »Gosch«. Statt mit einem Pferd durch den feuchten, nach Moos duftenden Wald zu reiten, cruist man mit dem Porsche durch Berlin.

Eine endlose Liste kommt da zusammen, die heutzutage von nichts anderem mehr erzählt als von der Antiquiertheit ihrer Verfasserin. Denn längst ist die Hierarchie zwischen erster und zweiter Natur, zwischen echter und Ersatzwelt vollständig aufgehoben. Längst sind die Unterschiede zwischen nötigen und unnötigen Konsumartikeln scheinbar gleichgültig geworden, verschwinden im unerschöpflichen Warenkorb mit seinen Millionen von Optionen. Anders lässt sich ein Leben gemeinsam mit sechs Milliarden anderen auf unserem kleinen Planeten wahrscheinlich nicht meistern. Wer in der hochdifferenzierten Moderne überleben will, für den sind hierarchische Bewertungen unnötig und unpraktikabel. Die zurzeit mit Abstand am häufigsten benutzte Vokabel im deutschen Angestelltenalltag ist das Wörtchen »okay«. Ich hol mir morgen ein neues Auto. Okay. Kannst du mir das mal rübermailen? Okay. Ich glaube, ich bringe mich um. Wenn das für dich okay ist. So geht das den lieben langen Tag.

Selbst dort, wo die ursprüngliche Natur unleugbar tief ins Fleisch schneidet, wo Alter, Krankheit, Geburt und Tod uns im Griff haben, will man ihre unbestreitbare Kommandohoheit über unser Leben nicht anerkennen. So gut es eben geht, versucht man den Tod zu vergessen, das Alter zu vertuschen und zu retuschieren, die Krankheit auszumerzen und die Geburt einer Waschmaschinenreparatur immer ähnlicher werden zu lassen. Rund ein Viertel aller Kinder in Deutschland werden ihren Müttern inzwischen aus dem Bauch geschnitten oder mit Zangen herausgezogen, Altersspuren werden operativ entfernt, Krankheiten, ohne ihre Ursachen zu kennen, aus dem Weg medikamentiert. Kinderlosigkeit wird künstlich behoben, unerwünschter Kindersegen ebenso. Wenn der Held im jungen deutschen Roman mal etwas ganz Irres, vollkommen Ausgeflipptes unternehmen will, kommt er auf den Gedanken, einen Baum zu fällen oder eine Wiese zu mähen.

Wir sind einen mühsamen Weg gegangen, um es so weit zu bringen. Von unserer inneren und von der äußeren Natur haben wir uns weit entfernt. Emanzipiert, sagen die Hoffnungsvollen. Entfremdet, sagen die Pessimisten. Beide Positionen setzen sich allerdings über die Wirklichkeit hinweg. Die Naturliebhaber übersehen die Grausamkeit und Mitleidlosigkeit der vermeintlich naturverbundenen Gesellschaften, in denen es jahrhundertelang üblich war, Kinder fest verschnürt tagelang unbeaufsichtigt in der Wiege sich selbst zu überlassen, und in denen die Frau beim Essen hinter dem Stuhl des Mannes zu stehen hatte. Die Apologeten der Moderne spielen den Preis herunter, der die Entfernung von kreatürlichen Erfahrungen für uns bedeutet. Beide Bewertungen – die modernefreundliche und die modernekritische – sind überdies folgenlos. Fest steht: Unser Eingriff in natürliche Kreisläufe ist tiefgreifend, umfassend und vor allem irreversibel. Er ist in der Naturgeschichte einmalig. Eine Gattung verpasst einfach den Zeitpunkt für ihre Fortpflanzung. Mehr noch: Eine Gattung hat sich ihr Leben so eingerichtet, dass dieses Leben der eigenen Fortpflanzung nicht mehr zuträglich ist.

Dennoch zeitigt dieser Eingriff in die natürlichen Kreisläufe positive und negative Folgen. Niemand hat das Recht, Vor- und Nachteile unseres künstlichen Lebens nach Gottvatermanier gegeneinander auszuspielen. Mancher begreift die Entfremdung von den natürlichen Lebensprozessen und die relative Kinderlosigkeit breiter Bevölkerungsschichten als eine Hauptquelle seelischer Unzufriedenheit und menschlichen Unglücks. Andere halten das Eingebundensein in natürliche Abläufe für Freiheitsverlust und Entmündigung. Beide Ansichten müssen erlaubt sein, wollen wir die wichtigste Errungenschaft abendländischen Denkens, näm-

lich die Freiheit zu wählen, das Recht auf ein selbstgestalte-
tes Leben, nicht infrage stellen.

Wieso sollten wir auch, nur weil die Alterspyramide
wackelt, wieder zurückmarschieren? Aussterbende Arten
hat es in der Naturgeschichte schon oft gegeben. Auch Degeneration und Überzüchtung sind hin und wieder vorge-
kommen. Die Rückentwicklung einer Art hingegen noch nie.
Man braucht nicht von ihr zu träumen. Auch eine Rückentwicklung nur der einen Hälfte der Menschheit ist wenig
wahrscheinlich. Wir müssen unsere Freiheit, auch unsere
Freiheit zur Kinderlosigkeit und zum Untergang verteidigen.
Und dennoch stecken wir in einer Sackgasse: Da, wo wir sind,
werden wir immer weniger. Dorthin, wo wir herkommen,
können wir nicht zurück. Wir brauchen einen dritten Weg.
Wenn wir unser Leben neu erfinden wollen, müssen wir vor
allem überdenken, wie wir lieben.

3. Kapitel
Die Liebeskatastrophe

Mein Leben im künstlichen Paradies der Kinderlosigkeit währte sechsunddreißig Jahre. Diese sechsunddreißig Jahre verbrachte ich fast zur Hälfte mit ein und demselben Gefährten. Als wir schließlich unsere erste Tochter bekamen, hätten wir nach alter Zeitrechnung eigentlich schon ein fünfzehnjähriges Kind haben müssen. Unsere Beziehung, wie man derartige Lebensmodelle in vollendeter Hilflosigkeit getauft hat, währte von da an noch achtzehn Monate. Achtzehn Monate, in denen noch ein kleines Mädchen gezeugt wurde, das bei seiner Geburt keinen Vater mehr vorfand. Der hatte sich inzwischen ein anderes künstliches und kinderloses Paradies gesucht.

Diese Geschichte ist in manchem sehr typisch. Späte Elternschaft und auch die panische Flucht des Vaters, das kennen viele von uns. Frühe Elternschaft, langjährige stabile Partnerschaft, das trifft hingegen auf einen weitaus geringeren Prozentsatz der paarungswilligen Mitmenschen zu. Womit ich sagen will: Ganz sicher ist die Kindermisere nicht ohne unsere Liebesmisere zu verstehen. Wer sich nicht lieben kann, kann auch keine Kinder miteinander haben. Ohne ein Ethos der Liebe gibt es auch kein Ethos der Elternschaft. Eine wichtige Frage, die man der kinderlosen Welt stellen muss, um sie besser zu verstehen, heißt deshalb: Wer liebt wen? Wer verlässt wen? Und wer bleibt übrig?

Die Geschichte meiner Großmutter kommt heute nicht mehr so häufig vor. Ein Gentleman heiratet ins Dienstpersonal. Die große Lovestory der kleinen Mädchen. Der Prinz nimmt die schöne Kindergärtnerin. Der Medienmogul erhebt seine Sekretärin in den Millionärsstand und vermacht ihr das Imperium. Und so weiter. Meinem Großvater kann es nicht viel bedeutet haben, dass meine Großmutter seine publizistischen Bemühungen in der gebildeten Welt keine drei Sätze lang verfolgen, geschweige denn beurteilen konnte. Er brauchte keine Seelenverwandte, keine Gesprächspartnerin. Denken konnte der Mann allein. Kochen und Kindererziehen hingegen nicht. In dieser Ehe jedenfalls waren die Kompetenzen geklärt.

Das Modell hat seinen alten Glanz inzwischen verloren. Noch immer mag es den einen oder anderen beruflichen Heldendarsteller geben, der seine Liebste in seinem eigenen Vorzimmer hinter der Schreibmaschine hervorgezogen hat, aber diese ehelichen Dienstverhältnisse sind mit gutem Grund langsam dabei, auszusterben. Ehrlicherweise muss man hinzufügen: viel zu langsam. In den besseren Kreisen, deren Familienabstinenz allgemein beklagt wird, macht sich inzwischen etwas anderes breit. Man könnte das Liebesmodell nach einem seiner eindrücklichsten Vorbilder das Pilati-Modell nennen. Es geht so: Mann und Frau sind in etwa gleich alt, gleich gebildet, gründen in ihren besten Jahren eine Familie, die Frau steckt zurück, die Kinder werden groß, der Mann macht Karriere. Das Ergebnis: Rudolf Scharping und die Gräfin Pilati. Mit anderen Worten: eine zweite, vielleicht auch dritte, dann aber kinderlose Extrarunde für den meist bereits ergrauten Gatten. Eine wohl nur noch schwer vermittelbare Ex-Gattin.

Das Pilati-Modell hat sich in den deutschen Großstädten in den besseren Kreisen inzwischen weitgehend durchgesetzt. In seinem Schlepptau befinden sich große Mengen zumindest kurzfristig erotisch und seelisch frisch erblühter älterer Herren und ein Heer kultivierter, intelligenter, finanziell gut ausgestatteter, sehr einsamer älterer Frauen. Für die Demografie spielt das Pilati-Modell im strengen Sinn keine Rolle, haben die betreffenden Herren ihr demografisches Soll ja bereits erfüllt und wenden sich lediglich in ihrer zweiten Lebenshälfte anderen amourösen Modellen zu. Ihre Väter und Großväter dürften es nicht anders gehalten haben, nur wurde die Ehefrau in der alten Zeit auch in den späteren Jahren noch tapfer mitgeschleppt, bis man sich im hohen Alter wieder zu einer Art platonischem Ehefrieden zusammenfinden konnte.

Unerquickliche Folgen dürfte das weitverbreitete Modell aber doch in seiner Wirkung auf junge Frauen haben. Wenn es zutrifft, dass sie in der großen Masse gut gekleideter, kulturell interessierter, begabter, vereinsamter älterer Frauen in den deutschen Großstädten ihr zukünftiges Schicksal erblicken dürfen, werden sie es sich überlegen, ob sie sich mit dem jungen, aufstrebenden Liebhaber an ihrer Seite ernsthaft und folgenreich einlassen. Was wird, müssen sie sich realistischerweise fragen, wenn er, kaum hat die Tochter ihren ersten Freund, kaum hat der Sohn den ersten Hockey-Pokal, mit irgendeiner spindeldürren Anwältin in den nächstbesten Swimmingpool steigt? Wenn ihr nach einigen Ehe- und Erziehungsjahren jede kinderlose Schauspielerin, Dichterin, Journalistin, Sängerin, Beraterin mühelos den Mann wegnimmt? Wie lebt man dann weiter als vereinsamte, gut versorgte Hausfrau und mehrfache Mutter halbwüchsiger Kinder?

Da ist es wieder. Das alte Misstrauen gegen die Männer, neu gewendet. Denn heute sind es nicht mehr die Not, der Krieg, die erotische Zwangslage in einer zugeknöpften Ge sellschaft, die den Helden zu Fall bringen. Heute ist es der Überfluss, die unerschöpfliche Lust an der erotischen und emotionalen Optimierung der Existenz, die das Vertrauen, die Liebe und vor allem die Familien zerstören. Wobei es natürlich nicht nur die Männer sind, die von solchen Optimierungslüsten befallen werden. Am häufigsten geht der Trennungswunsch, vielleicht nicht unbeeindruckt von solchen Beobachtungen, neuerdings von den Frauen aus.

Das allgemein beliebte Pilati-Modell gibt es im Liebeshandel noch in weiteren, leicht abgewandelten Formen. Eine ebenfalls inzwischen durchaus salonfähig gewordene Variante ist das Doris-Modell. Dieses Modell hat insofern demografische Relevanz, als seine Verfechter es darauf anlegen, unter Missachtung fortpflanzungstechnischer Aspekte im Zehn- oder auch nur Fünfjahresabstand eine jeweils um mindestens fünfzehn, im weiteren Verlauf mindestens fünfundzwanzig bis fünfunddreißig Jahre jüngere Partnerin zu erwerben. Das Doris-Modell ist sehr alt, war aber in der Vergangenheit gesellschaftlich nicht vollständig durchgesetzt. Mittlerweile ist es zu einem unverwüstlichen Klassiker avanciert und reicht von der eher harmlosen Hannoveraner Alt-Kanzler-Variante über die turnusmäßigen Brautschauen ergrauter Minister unter Berliner Praktikantinnen bis zum platinblonden Busenwunder im Pflegestab des greisen Schönheitschirurgen.

Ein gewisser Respekt ist dem Modell väterlicher Galan, töchterliche Geliebte im Patriarchat zwar immer sicher gewesen, auch wenn Verehelichungen, bei denen der männliche Teilnehmer unter biologischen Gesichtspunkten besser als Brautvater denn als Bräutigam zum Einsatz käme, nie in großem Stil in Mode waren. Der erotische Sportsgeist und die Anerkennung hingegen, mit der heute über jede amouröse Verjüngung unserer männlichen Elite berichtet wird, sind historisch völlig neu. Ein Umstand, der durchaus decouragierende Wirkung auf junge Frauen ausüben kann, wird hier doch ein biologisch abwegiges Liebesgebaren gesellschaftlich geadelt. Dennoch ist auch das Doris-Modell für die demografische Entwicklung nicht zwingend kontra-produktiv, zumal die alten Herren mit ihren Töchter-Gat-tinnen zuweilen durchaus noch Enkel-Ersatz in Form von eigenem Nachwuchs herstellen oder im Ausland produzieren lassen.

Solche biologischen und familiengeschichtlichen Schief-lagen bestimmen unser öffentliches Bild des Liebespaares. Und nicht nur das öffentliche Bild. Jeder kennt in seinem Freundeskreis die Väter mit der zweiten oder dritten Familie, mit den immer jünger werdenden Geliebten, das kinderlose Karriere-Paar mit den verhätschelten Haustieren, die allein-erziehenden Mütter mit den wechselnden Liebhabern und Teilzeitvätern, die mühseligen und beladenen Patchwork-familien, die sympathischen, gepflegten, einsamen Damen mit den drei Theaterabonnements und dem sechswöchigen Töpferkurs in der Toskana.

Doch neben diesen spektakulären und der gelingenden Kinderaufzucht abträglichen Formen des zeitgemäßen Paa-rungsverhaltens gibt es natürlich immer noch das Standard-modell. Das Standardmodell ist, wenn wir auf Kinder nicht weiterhin verzichten wollen, das Modell der Zukunft, das sich heute in Nordeuropa, vor allem in den protestantischen Gesellschaften durchgesetzt hat.

Das Standardmodell besteht aus zwei nur durch wenige Jahre getrennte Liebespartner, die einen ähnlichen Bil-dungshintergrund, eine vergleichbare soziale Ausstattung, annähernd gleichgewichtige Berufsaussichten haben. Das Standardmodell setzt nicht auf männliche Überlegenheit und weibliches Kindchenschema, sondern auf Gleichberechtigung und ein ausgeglichenes Kräfteverhältnis. Das Standardmodell ist im Hinblick auf eine gemeinsame Kindererziehung unter den Bedingungen unserer voll entfesselten Arbeitsgesellschaft allen anderen Modellen überlegen. Warum funktioniert es dann meistens so schlecht?

Die Einsamen suchen jemanden, den es offensichtlich nicht gibt

Fragt man junge Frauen, woran es liegt, dass sie sich ihren Kinderwunsch nicht erfüllen, antwortet die Mehrzahl unter ihnen, es läge am falschen oder fehlenden Mann. Wie ist das nur möglich? Zu keiner Zeit konnte man auf Erden mit so vielen Menschen so umstandslos in Kontakt treten wie heute. Und trotzdem bleibt in den Großstädten bald die Hälfe aller potenziellen Heiratskandidaten allein. Warum? Darüber ist schon viel spekuliert worden. Eine mögliche Erklärung lautet: Schuld ist das mangelnde Vertrauen in das Naheliegende, das mangelndeVertrauen ins Standardmodell.

Das Standardmodell erscheint den aufstrebenden Mittelständlern offenbar als geheimnislos. Sie haben heftigere, abgründigere Vorstellungen von der Liebe und dem Familienleben. Aus den Frauenzeitschriften lachen einen süße schwule Jungs an, die ihr soeben adoptiertes schwarzes Baby wie einen Strauß frisch gekaufter Tulpen in die Kamera halten. Da erzählt Mutter Meyer, wie sie Vater Hempel kennenlernte und wie jeder einfach seine drei Kinder mit in die Ehe brachte und wie lustig das jetzt immer beim

Einkaufen zugehe, allein wie viele Joghurtsorten man da kaufen müsse. Das sei schon verrückt. Das Leben bietet so viele überraschende Kombinationen. Alles scheint möglich zu sein. Wer sich bindet, ist aus dem Rennen. Wer jederzeit zu neuer Partneroptimierung bereit ist, bekommt mehr. Obwohl nicht jeder einfach nachmachen kann, was uns die Spitzenkräfte aus TV und Bundestag vormachen. Allein aus Kostengründen.

Wenn es nicht die begreifliche Angst vor der Festlegung ist – jede getroffene Wahl minimiert die Anzahl der noch möglichen Optionen –, so ist es doch die Sehnsucht nach dem Außergewöhnlichen, die einer Entscheidung für einen scheinbar gewöhnlichen Lebenspartner im Weg steht. Gesucht wird von der Mehrzahl der unfreiwillig Einsamen offenkundig jemand, der nicht im Angebot ist. Jemand ganz anderes als alle anderen. Vermutlich auch jemand ganz anderes als man selbst.

Die hohe Scheidungsrate und die ständig wachsende Anzahl von Single-Haushalten lassen darauf schließen, dass eine Mehrzahl der gebildeten Mittelständler unter gebildeten Mittelständlern offenbar ihre große Liebe nicht oder nur äußerst vorübergehend findet. Bedeutet das nicht, dass der gebildete Mittelständler/die gebildete Mittelständlerin sich selber so wenig liebenswert findet, dass er/sie auch das andersgeschlechtliche Vergleichsexemplar nicht der Rede wert erachtet? Möglich ist es. Vielleicht ist einfach niemand mit sich selbst zufrieden. Geschweige denn mit jemand Ähnlichem.

Die Gründe für diese Unzufriedenheit sind vermutlich komplizierter, als die Umsatzrekorde der plastischen Chirurgie vermuten lassen. Schon wahr. Männer wie Frauen lassen sich dazu hinreißen, sich selbst als Luxusware im Liebesverkehr zu begreifen. Sie verschwenden eine Menge Lebenszeit mit allerhand Maßnahmen zur persönlichen Produkt-maximierung. Sie unterhalten mit diesen zumindest für das Paarungsverhalten ergebnislosen Anstrengungen große Teile der Body-, Fitness-, Kosmetik- und Modeindustrie. Doch all dies ist ja bereits Ausdruck und nicht Ursache ihrer offensichtlichen Unzufriedenheit mit sich selbst.

Frauen haben sich im Herzen kein Naturschutzgebiet der Ursprünglichkeit bewahrt

Eigentlich ist es eine Binsenweisheit: Man kann nicht ewig achtundzwanzig bleiben und darauf hoffen, dass irgendein betagter Außenminister/Bundeskanzler/Nationaldichter/Chefredakteur sich amourös verjüngen möchte. Oder wenn nicht der, dann ein gut erhaltener Handel-und-Industrie-Veteran mit Natursteinhaus am Gardasee. Oder wenn auch dieses Wunder nicht geschieht, dann eben irgendein anderes Exemplar aus der großen Riege der ergrauten Wohnzimmer-Weltenlenker, von dem man hofft, dass er einen stammesgeschichtlichen Vorteil hätte gegenüber dem intelligenten Jungen von der Bibliotheksaufsicht.

Die Suche der jüngeren Frau nach dem väterlichen Heldendarsteller ist eine der verstörendsten Erscheinungen im modernen Liebesleben. Welche Wonnen den alten Herren in solchen Untergebenenverhältnissen bereitet werden, kann ich nicht beurteilen. Den jungen Frauen kann man nur wünschen, sich lieber an den Jungen von der Bibliotheksaufsicht zu halten als an die Herren Minister & Co. Als Jungbrunnen für alternde Führungskräfte und solche, die es immer werden wollten, hat noch keine von uns ihr Glück gefunden.

Freundlich unterstützt wird die junge Frau, die sich am liebsten auf das imponierende, scheinbar überlegene Alphatier verlässt, von den Apologeten des neuen Biologismus. Die Sehnsucht nach dem starken Mann, dem Ernährer und Seelenhirten, das Aufsehen- und Schwachseinwollen, das Fürsorgeverhalten und noch einige andere urweibliche Eigenschaften mehr seien den Frauen, so heißt es, von der Evolution in die Wiege gelegt worden. Das klingt zwar sehr nach Otto Weininger und der guten alten Zeit der Backenbärte, ist aber eine zeitgemäße Strategie, das Liebesleben der Geschlechter zu einem Naturschauspiel zu verklären. Das ist für eine Geschlechtertheorie im 21. Jahrhundert mehr als nur ein hermeneutischer Skandal.

Das ist vor allem ein großer Unsinn. Denn es gibt keine Naturgeschichte des Sozialen. Wie sollten wir Frauen denn in einer vollkommen künstlichen, technisch überformten Welt das Kunststück vollbracht haben, uns mitten im Herzen ein Naturschutzgebiet der Ursprünglichkeit bewahrt zu haben? Das ist unmöglich. Und in Wahrheit glaubt das auch niemand. Jeder weiß, dass Gefühle genauso zeit- und gesellschaftsabhängig sind wie Anzugmoden oder Essgewohnheiten.

Wir leben in einem halsbrecherischen Spagat zwischen gefühlter und wirklicher Welt

Wir Menschen passen uns an alle Lebensumstände an. Aber nicht von heute auf morgen. Mit der ungeheuren Beschleunigung unseres Lebens halten wir noch nicht bis in alle Nervenfasern Schritt. Unsere Gehirne und Cybersysteme stecken schon weit im 21. Jahrhundert und unsere Herzen und Liebesmodelle noch tief im 19., während unsere Körper aberjahrtausendealte Funktionen mit sich herumschleppen. Wir sind gleichzeitig zu futuristisch und zu altmodisch. In der Gegenwart sind wir schlecht zu Hause, und unser Gefühlsleben hinkt unserem Geschäftsleben nur mühsam hinterher.

Wir Frauen führen Läden und Arztpraxen, wir gründen Firmen und Unternehmen, wir machen Karriere in den Medien und an der Universität – und suchen im Herzen meistens noch immer den Ritter, der uns sein Schwert zu Füßen legt. Und wundern uns, wenn die Männer, die dasselbe suchen, in uns dieses Fräulein nicht mehr erkennen und sich mit unseren Sekretärinnen auf und davon machen.

Nicht nur wir Frauen leben in diesem halsbrecherischen Spagat zwischen gefühlter und wirklicher Welt. Den Männern geht es nicht anders. Jeder vierte junge Mann lehnt es heute ab, Vater zu werden. Das liegt zweifellos an der sozialen Unsicherheit, in der sich heute die akademisch gebildeten Praktikanten bis ins mittlere und hohe Alter befinden. Das hat aber auch etwas mit der Liebe zu tun. Mit der kurzsichtigen Zurückweisung des intelligenten Jungen von der Bibliotheksaufsicht und mit den weiblichen Karrieren, die in den alten Liebesordnungen nicht vorgesehen waren.

Denn auch in der Liebe sind wir Pionierinnen. Auch hier sind wir, die heute vierzig- bis sechzigjährigen Frauen, die Ersten, die überhaupt in nennenswerten Ausmaßen Karriere gemacht haben. Und wir sind die Ersten, die diese neue Ordnung des Sozialen mit der alten Ordnung des Herzen – hier ist das hässliche Wort schon wieder – »vereinbaren« mussten. Die Ersten, die neue Arbeits- und alte Rollenmuster neu zusammensetzen sollten.

Den wenigsten von uns ist das gelungen. Mir ist es nicht anders ergangen als vielen Freundinnen und Kolleginnen. Wir konnten unsere Jugendlieben nicht ins Arbeitsleben hinüberretten. Was wunderbar funktioniert hat, solange man morgens zur Universität radelte und abends beim Griechen über Platon debattierte, zerbrach, als aus dem Rad ein Flieger und aus Plato beim Griechen die Konferenz in der Redaktion wurde. Die Erwerbstätigkeit, zumindest die den ganzen Menschen fordernde Variante derselben, war – Emanzipation hin oder her – in unseren Liebesmodellen nicht eingeplant.

Man begreift es nicht sofort. Wie kann das sein? Wieso kommen kluge Leute, die eigentlich alles über Allen Ginsbergs Lyrik und die Beschaffenheit menschlicher Herzklappen wissen, mit so etwas Nebensächlichem wie der Geschlechterrollen-Verteilung nicht klar? Warum scheitern begabte Absolventen des deutschen Hochschulwesens an der Küchen- und Wer-hat-die-Hosen-an-Problematik? Diese Fragen führen tief hinab in den Keller der relativen Nachwuchslosigkeit der deutschen Akademiker, insofern diese vor allem mit unserem Unvermögen zu tun hat, uns unsere Liebe zu erhalten. Es geht vereinfacht gesagt um das Zerbrechen der Liebe an der Arbeit.

Diesen gordischen Knoten wird keine familienplanerische Maßnahme der Bundesregierung lösen können. Er liegt tiefer, unerreichbar für rationale Argumentationen, in dem mitgeschleppten Bilderreservoir vergangener Jahrhunderte und verdankt sich der weitgehenden Abwesenheit dessen, was man eine Ethik der Liebe nennen könnte.

Die Vorliebe der Männer für die sozial unterlegene Frau ist barbarisch und demütigend

Was war es denn genau, das unsere Jugendlieben zum Platzen brachte? War es die gesellschaftliche Anerkennung unserer Arbeit, die das Liebesreglement verletzte? War es die berufliche Anspannung, die unserem Mädchengesicht die Süße und unseren Blicken die Unschuld nahm? Wir wissen es nicht. Aber wir müssen vermuten, dass wir ein geheimes Gesetz des gutbürgerlichen Geschlechtslebens verletzt haben, als wir begannen, wie Männer zu arbeiten.

Es ist nicht so, dass es kein Entkommen vor diesen patriarchalischen Urgesetzen gäbe. Jeder kennt Paare, denen die Versöhnung von Liebe und Arbeit geglückt ist, die sich immun zeigen gegen das alte Bilderreservoir der Geschlechterrollen. Ich habe zumindest eine Freundin, die beides vollbracht hat: Karriere und stabile Jugendliebe, seit über zwanzig Jahren. Ich kenne sogar einen gut aussehenden, sympathischen Akademiker, der zu Hause seinen Töchtern das Mittagessen kocht und das Dach repariert, während seine Frau im Krankenhaus Visite macht. Und auch ich musste nicht erst Wurstverkäuferin werden, um spät, aber sehr glücklich zu heiraten und den langen Schatten des 19. Jahrhunderts zu entkommen.

In bäuerlichen Gesellschaften war die starke Frau erwünscht und wurde dringend benötigt. Erst die bürgerliche Gesellschaft hat die schwache Frau erfunden und hält an diesem Projekt, allen Lippenbekenntnissen zum Trotz, bis heute fest. Es gibt viele glückliche Ausnahmen, aber noch immer eine ganz und gar unmenschliche Regel: Je erfolgreicher eine Frau in ihrem Beruf ist, desto einsamer ist sie, desto unattraktiver, unweiblicher erscheint sie den

Männern, desto weniger entspricht sie deren Schutz- und Eroberungsinstinkten. Für erfolgreiche Frauen gibt es jenseits der traditionellen Frauendomänen Schauspiel, Musik, Salon beziehungsweise Talkshow und Mode so gut wie keine Modelle erfüllter Weiblichkeit. Die erfolgreiche Frau wird, sofern sie sich nicht in vorauseilendem Gehorsam schon von selbst vermännlicht, durch den männlichen Blick neutralisiert. Und durch das männliche Paarungsverhalten kaltgestellt. Der Herr Professor heiratet selten die Frau Professorin, in der Regel wird ihm die Assistentin noch immer besser gefallen. Der Herr Oberstaatsanwalt versucht es mit einer kaufmännischen Angestellten, die, wie das Leben so spielt, natürlich auch Verwendung in seiner Kanzlei findet, der Oberarzt paart sich mit der Krankenschwester, der Intendant mit der Schneidermeisterin, die ihm, glücklicher Zufall, auch noch die Garderobe für die Intendantentagung zu richten versteht. Die Frau Oberstaatsanwältin, die Frau Professorin, die Frau Oberärztin, die Frau Intendantin haben das Nachsehen. Ihre Zukunft liegt vielleicht bei den polnischen Fliesenlegern, den russischen Installateuren oder irgendwo im Asiatischen. »Männer heiraten meistens jüngere Frauen; Frauen neigen dazu, sich bildungsmäßig gleichwertige Partner auszusuchen«, schreibt Frank Schirrmacher mit unverzückter Miene in seinem Buch »Minimum«. Auf die Frage, wo es für gebildete, erfolgreiche Frauen in Zukunft noch »gleichwertige Partner« gibt, wenn die Männer weiterhin »jüngere Frauen« und vor allem »bildungsmäßig« nicht »gleichwertige« Frauen bevorzugen, brauchen wir dringend eine Antwort.

Machen wir es kurz und deutlich: Die Vorlieben der überwältigenden Mehrzahl der Männer für die sozial unterlegene

Weiblichkeit sind barbarisch und für die Frauen tief beschämend und demütigend. Es muss nicht gleich so schlimm ausgehen wie im Hause Glas, wo der langjährige Gatte einer jungen Würstlverkäuferin den Vorzug gab und die arme Uschi darob auf keinen besseren Einfall verfiel, als in weißer Spitzenunterwäsche in den Magazinen zu posieren, um sich so womöglich ihrer lädierten Weiblichkeit zu versichern. Auch so erniedrigende Unternehmungen wie ein Fotoband, in dem fünfzigjährige Künstlerinnen, Akademikerinnen und Journalistinnen sich im Negligé porträtieren lassen, um an der Vereinbarkeit von Alter, Karriere und Weibchenschema nur keinen Zweifel aufkommen zu lassen, gehören zu den groben Entgleisungen.

Meistens ist das Unglück weniger spektakulär, leise und schleichend. Das Ergebnis ist dennoch dasselbe: Die interessantesten, beruflich engagiertesten, erfolgreichsten Frauen sind in der Regel die einsamsten. Nicht quantitativ natürlich, denn sie unterhalten alle ein weitgestreutes Netz anregender Kontakte und Freundschaften. Aber qualitativ, denn sie haben, von kurzen Strohfeuern abgesehen, niemanden, der sie liebt.

Die Schriftstellerin Monika Maron hat in ihrem Roman »Endmoränen«, deren Hauptfiguren alle weiblich, einsam und schon ein wenig älter sind, eine originelle Utopie für die emanzipierten selbständigen Frauen des 21. Jahrhunderts entworfen. Diese Frauen, finanziell unabhängig, gut aussehend und hochgebildet, haben einen Weg gefunden, um sich am patriarchalischen Selektionsverfahren zu rächen. Sie haben sich ganz einfach an den männlichen Vorbildern orientiert und sich ihre Liebhaber auf den osteuropäischen Heiratsmärkten beschafft. Im Roman von Monika Maron handelt es sich um einen jungen, virilen Russen, der den älteren Damen in ihren brandenburgischen Landhäusern die Herbstabende verschönert. Das Liebesmodell der deutschen Karrierefrau sieht vielleicht wirklich bald so aus: eine etwa fünfundfünfzigjährige, gepflegte, fitnesstreibende Hochschulprofessorin mit Roadster, Hund und Eigentumswohnung heiratet einen blonden zweiunddreißigjährigen weißrussischen Bademeister mit befristeter Aufenthaltsgenehmigung und kleiner Schallplattensammlung. Warum sollte sie mit ihm weniger glücklich werden als der Herr Intendant mit seiner Schneiderin, der Herr Minister mit seiner Praktikantin, der Herr Staatsanwalt mit seiner Vorzimmerdame?

Oder stimmt nicht vielmehr an der ganzen Konstruktion etwas nicht? Ganz tiefgreifend nicht? Sind am Ende vielleicht alle unzufrieden? Laufen wir vielleicht alle Geschlechterbildern hinterher, die nicht einmal uns selbst befriedigen? Und zwar ganz einfach deswegen nicht, weil sie nicht mehr in die Zeit passen, in der wir, sobald wir aus der Schlafzimmertür hinausgetreten sind, alle leben müssen? Es ist noch nicht allzu lange her, dass Frauen sich glücklich schätzten, wenn sie nach dem Jura-Studium, der Hochzeit und der Geburt dreier Kinder nie mehr ein Gericht oder eine Kanzlei von innen gesehen haben. Sie waren anerkannt, ausgefüllt von der Kindererziehung und ehrenamtlichen Tätigkeiten. Sie nahmen teil am Oberschichtserfolgsmodell ihrer Zeit, das hierarchische Geschlechterordnungen zu natürlichen erklärte.

Solche Hierarchien sind inzwischen begründungsbedürftig geworden. Und diese Begründungen gehen uns nicht von ungefähr aus. Es gibt keinen jungen Bademeister, der seine Erfüllung in der Instandhaltung der Eigentumswohnung seiner erfolgreichen Gattin und beim Ausführen ihres Hundes findet. Und es gibt heute auch immer weniger junge Frauen, die nur darauf warten, ihrem Oberarztgatten die Hemden zu bügeln und die Tombola im Schwesternwohnheim vorzubereiten. Das alles sind ausgediente, hundertfach verabschiedete Modelle. Was uns bisher fehlt, sind lediglich die mitreißenden Alternativen. Und dann sind da ja auch noch die Kinder.

Die gleichberechtigte Partnerschaft ist die Lichtgestalt unter den Liebesmodellen

Die vergangenen Jahrzehnte waren geprägt von einer heftigen Experimentierphase in der Liebe. Aus dieser für die Experimentteilnehmer manchmal sehr schmerzlichen und verwirrenden Zeit ist wenig Erfreuliches überliefert. Alle Versuche, das Paar als die Grundkonstante der Liebe wegzudefinieren und gegen andere Variablen wie die Gruppe, die Gemeinschaft, die Drei-, Vier- oder Fünfecksbeziehung einzutauschen, dürfen als gescheitert gelten. Die einzig sichtbare Alternative zu den vernutzten hierarchischen Liebesmodellen ist nicht aus solchen waghalsigen Experimenten erwachsen, sondern muss als eine ungleich bravere, vernünftige Fortentwicklung des alten Patriarchenmodells betrachtet werden. Dennoch ist die gleichberechtigte, in etwa gleichaltrige, gleich gebildete und gleichermaßen beruflich engagierte Partnerschaft eine Lichtgestalt gegen ihr elendes Vorläufermodell. Sie ist die einzige bisher bekannte Alternative zur Wiederholung des ewig gleichen Herrenmodells der Liebe. Sie setzt auf einen hohen emotionalen, erotischen und moralischen Reifegrad der Beteiligten, ein hohes Maß an geistiger und körperlicher Beweglichkeit und Freiheit.

Von seinen Verächtern wird dieses Modell als langweilig und vor allem erotisch unterirdisch diffamiert. Als ein typischer Fall skandinavischer, spätsozialdemokratischer, deswegen absolut einschläfernder Gleichmacherei. Als lebloses, allenfalls pragmatisches Schrumpfmodell der Liebe. Als eine blasse und blutleere Ausgeburt der Konsensgesellschaft. Und schlimmer noch: als eine Liebe, der die Abgründe, die Exzesse, das ganz Verrückte, das Glamouröse, das Animalische, das Gewaltsame und Außergewöhnliche fehle.

Dieses Gerede finden wir nicht nur bei den hippen Angestellten der Zeitgeistindustrie und der Fernsehunterhaltung, sondern sogar in den schriftlichen Verlautbarungen eines so klugen Zeitgenossen wie Botho Strauß, der die archaischen Gewaltverhälnisse zwischen den Geschlechtern, blutige Balz und weibliche Unterwerfung zum Kunstprinzip erhebt.

Das alles ist nichts als ideologisches Flügelschlagen. In Wahrheit ist die enthierarchisierte Liebe alles andere als langweilig, weder im Bett noch sonst irgendwo. Ganz abgesehen davon, dass die angeblich so abgründigen, aufregenden und wahnsinnigen Macho-Lieben ihren letzten Höhepunkt in der Regel darin finden, dass sie ihm nach Programmschluss noch eine Weinflasche öffnet und artig seinen Monologen lauscht.

Das Patriarchat ist nicht vererbbar

Wir können noch lange über Sinn und Unsinn von geschlechtlichen Ungleichgewichten debattieren. Von dieser Diskussion hängt wenig ab. Die alte patriarchalische Familie ist nicht zu retten. Das kann nur glauben, wer immer noch davon träumt, die Welt am Schreibtisch entwerfen zu können. Die Wirklichkeit hat mit solchen Träumen nichts zu tun. Wir leben in einer Zeit, in der nichts, keine Stunde unseres Tages noch so verläuft wie vor achtzig oder hundert Jahren. Alle Parameter haben sich verstellt. Wir arbeiten anders, essen anders, kommunizieren anders, denken anders, kleiden uns anders, spielen anders, reden anders, produzieren und konsumieren anders, bewegen uns anders fort, erziehen unsere Kinder anders, lesen andere Bücher, hören andere Musik, beschäftigen uns mit vollkommen anderen Dingen. Durch welches Wunder sollte ausgerechnet das Geschlechterverhältnis von dieser Revolution verschont geblieben sein? Wer das verbreitet, hat ein handfestes Interesse an solchen ideologischen Konserven. Und der kleine Nebeneffekt dieser rückwärtsgewandten Utopie? Keine Kinder. Die bekommen die meisten Frauen heute nämlich lieber in lebendigen Partnerschaften als im historischen Museum für archaische Geschlechterverhältnisse.

Das lässt sich im europäischen Vergleich besonders gut beobachten: Gerade in den südlichen, katholisch geprägten Gesellschaften mit starrer patriarchalischer Rollenverteilung bekommen die Frauen besonders wenig Kinder. In den nördlichen, protestantisch geprägten Gesellschaften, die dem Ideal der gleichberechtigten Partnerschaft zuneigen, steigen die Geburtenraten wieder.

Das wird von einigen Soziologen bestritten. Der amerikanische Autor Phillip Longman beispielsweise behauptet das Gegenteil: Nur in patriarchalischen Herrschaftsverhältnissen, glaubt er zu wissen, kommen viele Kinder zur Welt. Nur indem man Frauen zwingt, zwischen Nonne, Hure oder Hausfrau zu wählen, und ihnen jede andere Option, insbesondere die der eigenen Berufstätigkeit verstellt, bekommt man sie dazu, viele Kinder in die Welt zu setzen. So zugespitzt, hat er nicht ganz Unrecht. Die freie, vom Mann unabhängige Frau wird alles Mögliche mit ihrem Leben veranstalten, aber keine zwölf bis sechzehn Kinder bekommen. Deswegen, glaubt Longman, werden sich langfristig patriarchalische Familienverhältnisse gewissermaßen evolutionär, rein quantitativ durchsetzen. Die Emanzipation erledigt sich dann von selbst – durch die Kinderlosigkeit der emanzipierten Milieus.

Darin stecken viele Denkfehler. Der auffälligste: Nach bisherigen Erkenntnissen ist patriarchalisches Denken nicht vererbbar. Es gibt kein Macho-Gen. Es ist durchaus denkbar, dass Sprösslinge patriarchalischer Familien im Laufe ihrer Sozialisation dem Emanzipationsideal anhängen. Der zweite Fehler: Überall in der westlichen Welt ist das Patriarchat heutzutage eher ein Garant für hohe Scheidungsraten denn für Kindersegen. Der kapitalste Denkfehler der Longmanschen Weissagung liegt aber woanders: Longman kommt überhaupt nicht auf die Idee, die Frauen mit ins Kalkül zu nehmen. Er hält es gar nicht für denkbar, dass das Patriarchat samt seinem – Gott hab es selig – Hausfrauenzwangsmodell aussterben wird, lange bevor es sich evolutionär durchsetzen könnte. Und zwar nur aus einem einzigen Grund: weil die Mehrzahl der Frauen es einfach nicht mehr haben will.

Es gibt keine Vorbilder gelingender Liebe
in modernen Lebensverhältnissen

Ob wir wirklich eine Kinderkatastrophe haben oder auf eine solche zusteuern – wir werden sehen. Was wir aber heute schon haben, und was die Vorhut der drohenden Kinderkatastrophe ausmacht, ist eine Liebeskatastrophe. Das hat viele Gründe, aber vor allem einen: das völlige Fehlen von Vorbildern gelingender Liebe in modernen Lebensverhältnissen.

Das hat es in der Geschichte des Paares noch nicht gegeben: Nahezu alle prominenten, allgemein bekannten Liebespaare scheiden als nachahmenswertes Liebesmodell aus. Egal, ob Schauspieler, Sänger, Sportler, Fernsehschaffender, Fußballkönig, Landesvater, Bundeskanzler oder Thronfolger. Sie alle befinden sich in zweiter, dritter, fünfter Ehe, sind gerade wieder frisch verliebt, frisch getrennt, haben Kinder aus diesem oder jenem flüchtigen Besenschrankerlebnis, versteckte Geliebte, jahrelang verleugnete Nachkommen, abgelegte Ehefrauen, ausrangierte Lebensgefährtinnen in reichem und schwerreichem Ausmaß. Wir kommen da kaum noch mit, obwohl die Regenbogenpresse keine Kosten und Mühen scheut, um Ordnung und Übersicht in dieses Liebeschaos zu bringen.

Das alles mag bei Hofe und beim Klerus seinerzeit nicht viel anders zugegangen sein – allein man wusste es noch nicht so genau. Heute kommt alles an den Tag und vor den Scheidungsrichter. Und Leute wie die gute alte Schmanzbäuerin, die mit neunzig Jahren demütig stirbt in stiller und dankbarer Erinnerung an ihre kinderreiche siebzigjährige Ehe – die sind wie vom Erdboden verschluckt. Die Ehe ist eine Probierpackung, ein Konsumartikel wie alles andere auch. Ihr Endzweck ist die Bedürfnisbefriedigung des Konsumenten. Das Ethos der Ehe, wenn es so etwas überhaupt je gegeben hat, ist mit seinem Erfinder, dem aufstrebenden, arbeitsamen, ehrbaren Bürgertum, spurlos untergegangen. Oder sagen wir besser: beinahe spurlos. Denn bei ganz wenigen prominenten Ehepaaren wie Inge und Walter Jens oder Loki und Helmut Schmidt ist der Geist dieser alten Ehe- und Ehrvorstellung noch immer lebendig. Und wird mit ihnen und ihrer Generation aller Voraussicht nach endgültig verschwinden.

4. Kapitel
Das Familien-Patt

Was müsste passieren, damit die Liebe wieder überlebensfähig wird? Wie kann es gelingen, dass Ehepaare, vor allem in den Großstädten, die Einschulung ihrer Kinder wieder in größerer Anzahl gemeinsam erleben? Wie kann den Frauen geholfen werden, die allein und kinderlos sind, weil sie zu den Weiblichkeitsbildern der Männer nicht passen? Wie kann man junge Frauen davon überzeugen, dass Alter, Macht und Machismus keine hinreichenden Qualifikationen für einen guten Liebhaber, schon gar nicht für einen brauchbaren Familienvater sind? Wie kann man Familienvätern klar machen, dass ihre Kinder und deren Mütter sie mehr brauchen als ihre neuen kinderlosen Geliebten? Wie kann man Müttern nahe bringen, dass sie eher auf einen neuen Liebhaber als ihre Kinder auf den Vater verzichten können?

Noch viel dringender als neue Technologien oder weitere Fortschritte in der Embryonenforschung brauchen wir Antworten auf diese Fragen. Es ist nämlich nicht wahr, dass wir es in dem unübersichtlichen großstädtischen Liebeschaos eigentlich ganz gut (in den Frauenmagazinen heißt es: »so bunt und vielfältig wie das Leben selbst«) haben und es eben nicht zu ändern ist, wenn Felix sein Verhältnis mit Clara noch klären muss, Clara aber Max schon mal verlassen hat, der sich jetzt an Rebecca hält, die eigentlich noch nicht weiß, wie es mit Ernst weitergeht, der aber schon mal Doro sitzen lässt, die nun leider mit den drei Kindern allein bleibt, es aber irrsinnig nett in ihrer neuen Frauengruppe hat, mit der sie den Winter immer auf Gomera verbringt.

Eine derartige Umdefinition und Schönfärberei der familiären Liberalisierungsschäden gehört in die Abteilung Lebenslüge. Richtig ist vielmehr: Wir haben es nicht gut. Und Clara, Max, Rebecca, Ernst und Doro sind in Wahrheit schon jetzt tief erschöpft und irritiert von so viel lose herumflatternder Herzensenergie. Um von dem Leid der Scheidungswaisen noch gar nicht zu reden.

Wir sind im Patt. Eine neue Liebesordnung haben wir noch nicht gefunden. Das Korsett des alten Ehe-Ethos haben wir aber aus guten Gründen schon mal ausgezogen, jedes Regelwerk zur Liebesordnung wird von uns täglich, beinahe stündlich »kritisch hinterfragt«, wie das alte Schlagwort der emanzipierten Pädagogik heißt. Das ist wunderbar. Viele vermoderte Ehekerker, in denen frühere Generationen ihr Leben angekettet fristen mussten, wurden hinweggefegt, die im Ehejoch darbenden wurden befreit. Zweifellos ein Erfolg. Doch mit dem Kerker hat die Liebe auch ihr Gehäuse verloren. Ohne feste Bleibe irrt sie nun von diesem zu jenem und lässt sich ungern dauerhaft nieder. Die Häuser, die wir ihr errichten, ähneln fatal jenen Leichtbau-, Reihen- und Fertighäusern, in denen wir dann auch leibhaftig Wohnung nehmen, irgendwo an der Peripherie, wo man sich das Leben mit Kindern noch leisten kann. Und wo die Ehen noch schneller als die Pappwände in sich zusammenfallen, die sie beherbergen.

Das alles ist nicht neu. Jeder kennt die auseinanderbrechenden Familien rechts und links, vor und hinter der eigenen Wohnungstür. In vielen großstädtischen Grundschulklassen wächst schon annähernd die Hälfte der Kinder ohne

Vater, will sagen mit Gelegenheitsvater auf. Die Zahl wird steigen. Und da hilft auch nicht die flotte, in den Zeitgeistmagazinen und von schwachsinnigen Eheberatern gedankenlos wiedergekäute Scheidungsformel: besser ein Ende mit Schrecken als ein Schrecken ohne Ende. Für die Kinder ist das Ende ihrer Ursprungsfamilie ein lebenslanger Schrecken – egal, wie endlos schrecklich ihren Eltern das Familienleben nach kurzer Erprobungsphase erschienen sein mag.

So kann es nicht bleiben. Die Tür zum Paradies der stabilen patriarchalischen Familie, das ohnehin für uns Frauen keines war, ist lange geschlossen und lässt sich mit noch so viel blondem Engelsgesang nicht mehr öffnen. Der Weg geht nur nach vorne. Ein wichtiger erster Schritt könnte es sein, die Lage nicht ununterbrochen zu beschönigen und als prickelnd, abenteuerlich und bunt auszugeben, was in Wahrheit zerstörerisch und vor allem für die Kinder ein Grauen ist. Ein Grauen, das sie leider nicht so gut artikulieren können wie die Erwachsenen ihre vielfältigen Bedürfnisse. Hilfreich wäre auch, wenn nicht jede amouröse Neuerwerbung prominenter Familienväter in der medialen Öffentlichkeit wie ein gewonnenes Tennismatch gefeiert würde. Wenn es in allen diesen Fällen in der öffentlichen Kommentierung auch Anwälte des Kindes und nicht nur Bewunderer der erotischen Potenz seines Erzeugers gäbe. Wenn mehr Skepsis formuliert würde gegenüber dem scheinbar unantastbaren Recht auf mütterliche und väterliche Selbstverwirklichung. Wenn es vielleicht, nein, keine neue Moral der Ehe, das wird nicht gelingen, aber eine Moral der Verantwortung für Kinder gäbe. Auf dass vielleicht zwei oder drei Sekunden gewonnen werden in den entscheidenden Augenblicken des Lebens, Sekunden, in denen man sich fragt, was schwerer wiegt: die Verantwortung für das Kind oder für das eigene Begehren.

Ohne eine Kritik des Glücks ist der Familie nicht zu helfen

Das allein kann die Liebe nicht retten. Ihr extrem verkürztes Haltbarkeitsdatum auf dem Höhepunkt des Konsumkapitalismus hat zu viele Ursachen, als dass sie alle reparabel wären. Wir sind verwirrt von der Vielzahl der Angebote, zermürbt durch häufige Orts- und Arbeitsplatzwechsel, abgenabelt von unserer eigenen Ursprungsfamilie, isoliert in unseren Mietshäusern, entwöhnt, füreinander Verantwortung zu tragen, abgestumpft durch allgegenwärtige Pornografie und Prostitution, überreizt von den Glücksversprechen der Freizeitindustrie. Wir sind die Opfer unseres eigenen Wohllebens.

Dabei sind es nicht nur die Ärmsten, die hilflos am Tropf der Medien- und Freizeitindustrie zappelnden Modernisierungsverlierer, die ihre Familien zerstören. Es sind auch die kompetenten, gut ausgebildeten, medienkritischen Halb-, Viertel- und Vollintellektuellen, die Abiturienten und Hochschulabsolventen, die ihre frisch gegründeten Familien nach kürzester Frist wieder auf den Liebes-Gebrauchtwarenmarkt schmeißen und mit irgendeiner sie mehr oder weniger zufrieden stellenden Besuchs- und Unterhaltsregelung in der Tasche weiterziehen. Zum nächsten Glücksversprechen. Zur weiteren Entfaltung ihrer anspruchsvollen und komplikationsreichen Persönlichkeit.

An dem zumindest für Kinder gnadenlosen Selbstverwirklichungswahn der gebildeten wie ungebildeten Stände trägt vor allem die Liberalisierung der Liebe durch die 68er-Generation die Schuld. Sagen zumindest die zahlreichen Verächter dieser inzwischen historisch gewordenen Emanzipationsbewegung. Wobei die Turbo-Variante der Familienzerstörung erst in der Kombination aus Liberalisierung und Gentleman-Machismus entstehen konnte, da sie es ihren Anhängern ermöglichte, individuelle Vorteile aus den Ideologien zweier Jahrhunderte ganz nach dem persönlichen Bedürfnis zu akkumulieren. Die von der 68er-Bewegung propagierte Befreiung der Sexualität und der neuzeitliche Anspruch auf möglichst vollumfängliche Befriedigung derselben sind in den Augen der meisten Beobachter die Hauptschuldigen am familienzerstörerischen Liebeschaos der Gegenwart, das sein Ursprungsmilieu verlassen und seit langem auch bürgerliche bis gutbürgerliche Kreise erreicht hat.

Diesem Befund kann man nicht einfach widersprechen. Emanzipation, das heißt unter anderem: Individualisierung vormals überindividuell gültiger moralischer Verpflichtungen. Zum Beispiel der christlichen, die an der Haltbarkeit von Ehen einen großen Anteil hatten, weil sie den Gläubigen von der Bürde, an einer persönlichen Glückskarriere arbeiten zu müssen, befreit haben. Bei uns Nachgeborenen dreht sich hingegen alles um den Erwerb einer möglichst großen persönlichen Glücksportion. Zwischen Glück und Genuss gibt es im kapitalistischen Glücksverständnis kaum Bedeutungsunterschiede. Das individuelle Glück, das höher ist als alle familiäre Vernunft, ist ein Fetisch, für den kein Opfer zu groß ist. Das Glück ist schließlich eine Ware und das Leben dazu da, die Waren zu verzehren. Ohne eine längst schon fällige Kritik des Glücks kann der Familie deshalb nicht geholfen werden. Glück ganz für sich allein? Meine Großmutter hätte gar nicht gewusst, wovon die Rede ist.

Die Befreiungsbewegung der Nachkriegszeit hat, abgesichert durch den Sozialstaat und den neuen Wohlstand, alle Kollektivnormen erschüttert. Die christlichen und die politischen, die sozialen und die familiären, die brauchbaren und die unbrauchbaren. Und man kann sie dafür nicht verteufeln, bedenkt man nur, als wie unbrauchbar manche dieser Kollektivnormen sich in der Tat erwiesen haben. Die nachgeborenen Feinde der 68er-Bewegung vergessen, was wir alle, was sie selbst dieser Befreiung verdanken. Nicht nur so ein paar Kleinigkeiten wie Kinderläden, das Recht auf Berufstätigkeit für verheiratete Frauen, die soziale Akzeptanz lediger Mütter, das Ende des Frontalunterrichts und die schlecht sitzende Freizeitkleidung. Wir verdanken der Kulturrevolution der 68er unendlich viel mehr. Im Grunde: unseren geistig-seelischen Anschluss an die moderne industrialisierte Lebenswelt, der per Untertanengeist nicht zu meistern gewesen wäre.

Aber es gibt eine Kehrseite. Freiheit kann einsam machen. Wenn jeder Einzelne sich jeden Morgen wieder neu die Frage stellen muss, ob er auch heute noch zu seiner gestern gegründeten Familie halten will oder ihm der Sinn wieder nach etwas anderem steht, gerät seine Welt schnell aus den Fugen.

Unsere Zukunft wird in nicht geringem Maß davon abhängen, ob es uns gelingt, neue soziale und familiäre Verbindlichkeiten zu begründen, ohne zu den alten zurückzukehren.

Es gibt keine erfolgversprechenden Familienersatzmodelle

Gelungene Alternativen zur verabschiedeten Patriarchenfamilie kennen wir bisher nicht. Die vielen neuen Familienersatzmodelle, die auf den Ruinen des klassischen Modells inzwischen gewachsen sind, haben alle noch den Charakter von Bergungs- und Notfalleinsätzen. Keines dieser Modelle konnte bisher wirklich für alle Angehörigen dieser Bergungsmannschaft befriedigend werden. Das häufigste Unfallmodell ist die moderne Kernfamilie, die Mutter-Kind-Familie. Bald zwanzig Prozent aller Mütter leben heute mit ihren Kindern in einer vaterlosen Kleinfamilie. Diese Frauen sind wahre Heldinnen, die Ungeheures leisten und am häufigsten von der alten oder neuen Armut betroffen sind. Sie sind es eigentlich, die die Folgekosten für die Liberalisierung der Liebe in vollem Umfang bezahlen. Sie haben ungeteilte Anerkennung und Unterstützung verdient. Es ist ein Skandal, in welchem Ausmaß wir auf ihre Lage nicht vorbereitet sind und die alleinerziehende berufstätige Mutter beispielsweise denselben teuren Kindergartenbeitrag wie das Doppelverdienerpaar zahlen lassen und ihr zugleich mehr Steuern abnehmen als ihrem mit einer Hausfrau gesegneten verheirateten Kollegen. Als leuchtendes Vorbild einer künftigen Familienordnung wird man diese heroischen Kleinfamilien dennoch nicht ansehen können. Zu groß sind die Nachteile dieser aus der Not entstandenen Restgemeinschaften. Sie liegen auf der Hand: Den Kindern fehlt der Vater, der Mutter fehlt der Mann, beiden fehlt Entlastung, Gemeinschaft, erwachsenes Familienleben.

Bleibt die zweite Abteilung in der familiären Notfallklinik: die Patchworkfamilie. Sie ist im Grunde eine alte, durch die einstmals hohe Sterblichkeitsrate und das große Entbindungsrisiko für Frauen gewissermaßen natürlich gewachsene Familienform. Die Stiefmutter, der Stiefvater, das Stiefkind gehören zum Mythenschatz der Hausmärchen. Die moderne Patchworkfamilie kennt dasselbe komplizierte Verwandtschaftsnetz der alten Stieffamilien. Sie umfasst nicht selten Halb-, Stief- und Vollgeschwister, Stief- sowie Echtgroßeltern, Stief- und Echttanten und -onkel, Echt- und Stiefväter, Echt- und Stiefmütter. Hinzu kommen in der Neuzeit noch die abwesenden, familienflüchtigen Echt-Väter, seltener auch die abwesenden, familienflüchtigen Echt-Mütter, die im Familienparallelogramm einen Platz beanspruchen.

Allein diese Aufzählung veranschaulicht das Problem dieser an sich verdienstvollen Familienform: Sie überfordert ihre Mitglieder. Die Geschwister befinden sich in ungleichgewichtigen Verwandtschaftsverhältnissen zueinander, sie haben verschiedene Großeltern, Tanten und Cousinen, die Eltern befinden sich in unterschiedlichen Verwandtschaftsverhältnissen zu den Kindern der Familie, die Eltern sind nicht für alle Kinder gemeinsam Eltern, für einen Teil der Kinder ist ein Elternteil, für einen anderen Teil der andere Elternteil vorrangig zuständig. An die fünfzehn Prozent aller Familien versuchen sich in der hohen Kunst, durch ein solches Verwandtschaftslabyrinth hindurchzufinden. Das große Handikap dieser Familienform: Sie hat im täglichen Überlebenskampf nur dann eine Chance, wenn sie den Unterschied zwischen echt und unecht in den verwandtschaftlichen Beziehungen so gut es geht ausblendet. Das wird auf Dauer aber nicht gelingen. Die Patchworkfamilie mag gegenüber der Mutter-Kind-Restfamilie große Vorzüge haben. Sie ermöglicht es ihren Mitgliedern, eine größere Vielfalt von Beziehungen zu unterhalten. Sie umfasst immerhin Vater und Mutter, wenn auch nicht für alle in der Originalausgabe. Sie enthält Liebesinseln für wechselnde Teilmengen der Familie. Und sie birgt die Chance zu vielseitigem Austausch und gegenseitiger Ermutigung und Entlastung für alle Familienmitglieder. Doch sie enthält auch, was der Mutter-Kind-Restfamilie erspart bleibt – einen hohen Anteil verwandtschaftlicher Willkür. Deswegen ist auch sie letztlich nur eine Ersatzfamilie, die zwar in ihrem Inneren wieder eine echte Familie enthält, aber dem Dilemma, im Grunde eine Reparaturmannschaft abzugeben, nicht voll und ganz entkommen kann.

Andere erfolgversprechende Nachfolgemodelle zum klassischen Vater-Mutter-Kind-Familienmodell sind, sieht man von so halsbrecherischen Konstruktionen wie dem schwulen deutschen Ehepaar mit schwarzem Adoptivkind ab, bisher nicht bekannt. Wir werden nach ihnen suchen müssen, wenn es uns nicht gelingt, die Liebe zu retten und die Familie neu zu erfinden.

5. Kapitel
Die Welt mit Kindern

Warum bekommt man eigentlich Kinder? Besser gefragt: Warum bekommt man eigentlich trotzdem Kinder, obwohl man doch weiß, wie es den Familien heute geht?

Eigentlich ein Wunder. Nach allem, was dagegenspricht und weiterhin dagegensprechen wird. Eine Familie, auf die wir uns blind verlassen können, haben wir nicht. Einen Hof, auf den wir stolz sind, haben wir nicht zu vererben. Genau genommen haben wir gar nichts. Keine stabilen Familien und keine Güter, die es wert wären, weiterzubestehen. Streng genommen haben wir jenseits unseres letzten Kontostandes überhaupt nichts zu vererben. Nichts als einen gesichtslosen Wohlstand mit einem kurzfristigen Verfallsdatum. Dafür brauchen wir keine Kinder. Auf ihre Hilfe im Büro und an der Mikrowelle können wir auch gut verzichten. Ihre Fürsorge im Alter werden wir nicht genießen, denn sie werden sich unser Krankenbett vermutlich nicht neben ihren Schreibtisch oder in ihre Konferenzräume stellen können. Wir können noch so lange Ausschau halten. Es ist weit und breit kein rationaler und das heißt im materialistischen Zeitalter: kein ökonomischer Grund mehr in Sicht, Kinder zu bekommen. Kinder bieten keine Vorteile mehr. Im Gegenteil: rational betrachtet bieten sie nur noch Nachteile.

Kinder kosten eine Menge, vor allem eine schier unendliche Menge Zeit, die man, da die Gesamtlebenszeitsumme feststeht, irgendwo abziehen muss. Zum Beispiel beim Schlaf, beim Büro, beim Lesen, beim Schreiben, beim Meditieren, beim Quatschen, beim Rumbummeln, beim Ausgehen, im Theater, im Kino, im Museum, überall ein bisschen und alles in allem ziemlich viel. Von den anderen, den echten Kosten reden wir hier nicht. Gummistiefel, Reitstiefel, Winterstiefel, Turnschuhe, Sommerschuhe, Lackschuhe, Badeschuhe, Hausschuhe, Ballettschuhe, Geigenspiel, Apfelsaft, Freibad-Dauerkarte, Reitunterricht, Fahrrad, Einrad, Dreirad. Daran gewöhnt man sich. Oder auch nicht.

Die Liste der Nachteile, Kinder zu haben, ist ziemlich lang. Langeweile auf dem Spielplatz, Benjamin Blümchen im Kombi, Frühstück mit Playmobil, Streichelzoo am Wochenende, die landläufigen Horrorkombinationen aus dem glücklichen Familienleben sind hinlänglich bekannt. Die Nachteile haben aber einen unglaublichen Vorteil: Sie sind restlos aufzählbar. Sie tragen alle einen Namen.

Die Vorteile halten nicht mit. Denn sie sind kaum allgemein benennbar. Sie erscheinen in den allermeisten Fällen sogar als komplett irrational. Sie gehören alle in die Ordnung des Fühlens und des Sehnens. Dies illustriert ohne weiteres eine skurrile Rechnung. Ein Kind, sagt man, kostet bis zur Hochschulreife 160 000 bis 320 000 Euro. Ungefähr ein Einfamilienhaus. Diese Kosten, kann man überall hören, könne man heutzutage nicht aufbringen. Allein wegen dieser Kosten, sagt mir die junge Dame an der Kasse meiner Tankstelle, werde sie auf ein Kind verzichten. Aber machen wir die Gegenprobe: Man biete einer Mutter 200 000 Euro für ihr sechsjähriges Kind an. Sie wird lachend ablehnen. Was soll sie mit dem Geld? Sie hat doch ihr Kind. Was ist da passiert?

Zwischen beiden Einstellungen liegt nichts Geringeres als der Übertritt vom ökonomischen ins elterliche Weltbild. Eltern wechseln offenbar nicht nur die Arbeits- und Freizeitgewohnheiten. Sie verlassen die offizielle, das heißt die ökonomische Zeitrechnung. Sie sind für die gängige Währung des spätkapitalistischen Zeitalters nicht mehr zuständig. Sie hören auf zu rechnen. Oder besser: Sie verrechnen Arbeit nicht mehr nur mit Geld und Ruhm, sondern auch mit Zeit und Liebe. Im Grunde sind sie Aussteiger. Aussteiger aus dem alles erfassenden Effizienzprinzip.

Was um alles in der Welt bringt Leute dazu, einen derartig folgenschweren und in der Logik unseres Lebens nicht mehr vorgesehenen Schritt zu tun? Die Gründe sind zwar ganz und gar persönlich, aber doch nicht unendlich. Der alte Grund der Stammhalterschaft hat sich erledigt. Welcher Stamm und was soll man da halten? Namen sind Schall und Rauch, verwechselbar und an jeder Ecke schon wieder verschwunden. Es sei denn, man stammt von irgendetwas Älterem ab, heißt wie ein Ort oder gar wie eine Stadt. In einem solchen demografisch unerheblichen Fall, wie ihn der deutsche Hochadel darstellt, ist man merkwürdigerweise bis heute dazu aufgelegt, mindestens fünf, gerne auch sieben Kinder in die Welt zu setzen. Tradition verpflichtet. Zur Not, wenn passable Erzeuger im Hochadel knapp werden, sind es die Gärtner, Wachtmeister, Turnlehrer oder Kindergärtnerinnen, die bei ihrer Durchlaucht für Nachwuchs sorgen. Obwohl das nicht gern gesehen wird und auch meistens zu kleinbürgerlichen Desastern, also zu Scheidungen führt.

Was bringt uns, die Normalsterblichen, aber dazu, auf die ins Auge springenden (zeit)ökonomischen Vorteile der Kinderlosigkeit zu verzichten? Häufig sind es weltanschauliche, also ideelle Gründe, die eine Großfamilie zusammenhalten. Das protestantische Pfarrhaus ist traditionell kinderreich, in anthroposophischen Familien ist es üblich, vier, häufig auch fünf Kinder zu haben. Doch das sind Außenseiterpositionen. Was aber kann ein Paar, ein durchschnittliches, studiertes Mittelstandspaar, sie ist sechsunddreißig, er achtunddreißig Jahre alt, beide arbeiten voll, sie in einem Wissenschaftsverlag, er als Juniorprofessor, dazu bringen, gegen jede ökonomische Vernunft ihr erstes Kind zu planen? Die Liebe zueinander? Die Trauer über die stillen Wochenenden und die vielen Abende, an denen jeder nach der Tagesschau noch etwas an seinem Schreibtisch zu erledigen hat? Der Überdruss an den Capri-Reisen, weil man da nun schon dreimal gewesen ist? Weil man sich selbst einfach nicht mehr genug ist? Weil das doch so nicht noch dreißig Jahre weitergehen kann? Weil da noch irgendetwas anderes sein muss? Nur was?

Wer Kinder hat, stellt die Sinnfrage nicht mehr

Ich war, wie gesagt, schon sechsunddreißig, als ich meine erste Tochter bekam. Glücklich in meinem Beruf, ausgestattet mit vielen Annehmlichkeiten. Trotzdem hatte ich das Gefühl, in einem Vorbereitungsleben zu stecken, in einer Art von »Um-zu«-Konstruktion. Ich mache das hier alles gerne, aber ich mache es, um zu. Um zu was? Das war mir lange nicht klar. Klar war mir nur, dass ich alles Mögliche in meinem Leben eigentlich nicht brauchte. Ein richtiges Bett zum Beispiel brauchte ich nicht. Eine Matratze auf dem Boden genügte mir. Mein richtiges Leben sollte ja erst noch kommen. In diesem Leben brauchte ich kein Bett. Dasselbe galt für den

Esstisch. Warum sollte ich nicht praktischer am Schreibtisch essen können? Aber wozu ein Schreibtisch? Eine Sperrholzplatte auf zwei Metallböcken tat dasselbe. Arbeiten konnte man überall. Und es ging doch sowieso immer nur um die Arbeit. Sogar noch in den Träumen. Ein Wochenende im Grünen? Ja, kann man machen, aber wozu soll das gut sein? Es gab immer etwas Nützlicheres zu tun. Und so kam es, dass ich bis zu meinem sechsunddreißigsten Lebensjahr auf einer Matratze auf dem Boden schlief, auf einem Campingtisch frühstückte, auf einer Sperrholzplatte, die mir als Schreibtisch diente, zu Abend aß und am Wochenende allenfalls auf dem Balkon die Zeitungen studierte.

Nun kann man einwenden, dass mir einfach der Sinn für eine gewisse materielle Lebensemphase, eine Mindest-Empfänglichkeit für die Wonnen des Luxuriösen abgeht. Damit wird man Recht haben. Aber da war noch etwas anderes. Ich fand, dass es für diesen ganzen Aufwand einer standesgemäßeren und genussvolleren Haushaltsführung keinen Grund gab. Wozu sollen sich zwei erwachsene Leute so verwöhnen? Schön einrichten, teuer bekochen, in kostbaren Edelstahlküchen herumstehen, aus edlen Tellern speisen, aus geschliffenen Gläsern trinken? Wozu sollte dieser ganze höhere und niedere Hedonismus gut sein? Für die Lebenslust natürlich, so weit, so klar. Aber wohin sollte die pure, kurze Lust, einmal genossen, nun wieder führen? Ich wusste darauf keine Antwort. Ich fand an dem sich selbst verzehrenden, sich selbst genießenden Leben keinen rechten Gefallen. Am Arbeitsleben schon eher. Aber wer kann denn immerzu arbeiten?

Bei solchen Fragen angekommen, ist der Kinderwunsch nicht mehr weit. Und die Sinnfrage auch nicht. Wozu mache ich das alles? Worauf läuft das alles hinaus? Woraus besteht mein Leben? Wenn man sich diese Fragen ab Mitte dreißig im Wochenturnus stellt, fängt man an, seine Antibabypillen zu vergessen.

Ich möchte nicht falsch verstanden werden: Natürlich ersetzt ein Kind nicht den fehlenden Lebenssinn. Die Sache ist verzwickter und auch schlichter: Ein Kind kann die Frage nach dem Lebenssinn nicht beantworten. Kinder zu haben heißt nur, sich die Frage nach dem fehlenden Lebenssinn nicht mehr zu stellen. Und zwar aus einem so einfachen wie geheimnisvollen Grund: weil das Kind das Leben ist. Das mit allen Fasern anwesende Leben. Jedenfalls so anwesend, dass sich jede Frage nach dem Zweck dieser totalen Anwesenheit erübrigt. Das schafft kein Fünf-Gänge-Menü, kein Urlaub im offenen Roadster, keine Aromatherapie auf Bali, kein Erfolg als irgendwas, kein gar nichts: diese Überwältigung durch eine unhinterfragbare, nicht mehr abzustellende Präsenz, die das Kind ist.

Für das Glück mit Kindern gibt es keine Sprache

Die existenzielle Erfahrung, die ein Kind mit sich bringt, mag überwältigend sein. Darstellbar ist sie nicht. Viele Eltern beklagen, dass in den letzten Jahren nur noch über die Probleme der Kindererziehung, über das Glück, das sie bedeutet, hingegen kaum geredet wird. Wie sollen Nichteltern, deren Glückskonzepte ganz andere sind, je verstehen, welche Freuden die entbehrungsreiche und anstrengende Erziehung kleiner Kinder bereiten kann, wenn die Eltern sich darüber nicht verbreiten? Das mag stimmen. Wie auch der Einwand zutrifft, dass unsere Berichterstattung zur Kinderfrage in den letzten Jahren eher dazu geeignet war, die Bevölkerungsprobleme Indiens zu lösen, als den Wunsch nach mehr Kindern zu wecken. Alle Anstrengungen, den familiären Wärmehaushalt zwischen Spaghettikochen, Hausaufgabenbetreuung, Schmusen und Strohsternebasteln in werbender Absicht zu beschreiben, waren bisher wenig erfolgreich. So ist es kein Zufall, dass die deutsche Gegenwartsliteratur, der deutsche Film, das Kleine und Große deutsche Fernsehspiel das Kinderthema bisher weiträumig umschiffen und die Familie bevorzugt als Ort der Gewalt und seelischen Verwüstung karikieren. Von wenigen Ausnahmen abgesehen gibt es in der deutschen Literatur noch immer keine überzeugende Sprache für die Erfahrung der Elternschaft. Die öffentlichen Darstellungen familialen Zusammenlebens schwanken zwischen Idyllisierung und Dämonisierung. Die Stilisierung der Familie in der medialen Öffentlichkeit ist mehr als schwach ausgeprägt. Eine überzeugende Ästhetik des Familiären ist nicht in Sicht und lässt sich auch nicht einklagen.

Immer wieder haben Eltern dennoch versucht, Nichteltern in die Geheimnisse der Elternschaft einzuweihen. »Ich habe«, sagt eine Mutter, »Kinder bekommen, weil sie einen Heidenspaß machen, sie treiben dich in den Wahnsinn, aber sie verpassen dir eben auch tiefe Lachfalten und berühren deine Seele wie nichts sonst.« Eine andere schwärmt von »der tiefen Lust, wenn die Kinder sich abends an einen kuscheln« und von der »einzigartigen Chance, jeden Tag etwas wirklich ganz und gar Neues zu erleben«. Ein Vater beschreibt den Augenblick, in dem der Kinderwunsch mit unabweisbarer Wucht in ihm erwachte, so: »Wenn man eines kalten Winterabends, an einer lärmumtosten Kreuzung in einer deutschen Großstadt in die mürrischen, genervten und müden, also einfach unglücklichen Gesichter der Menschen sieht und auf den Schultern eines (lächelnden!) Mannes sich plötzlich ein kleines Kind ins Blickfeld lacht, wie es völlig sinnlos und fröhlich an Papis Haaren rumzuppelt, dann trifft es einen mit solcher Wucht und erinnert uns an alles, was uns turbo-kapitalistisch-beschleunigtem und emotional verarmtem Freiwild irgendwo zwischen dem fünften und sechsten Job und der letzten Fernbeziehung und dem nächsten Internet-Date irgendwie abhanden gekommen ist.« Auf ganz ähnliche Weise hat die kinderlose amerikanische Dichterin Emily Dickinson im Jahr 1883 die Glückserfahrung mit ihrem Neffen, der im Alter von acht Jahren gestorben war, auf eine, wie ich finde, für die meisten Kinder absolut zutreffende Formel gebracht: »Er kannte nicht einen knickrigen Augenblick.«

Was sich aus solchen Schilderungen vor allem ablesen lässt, ist, dass es kein wirklich vermittelbares, sondern nur ein jeweiliges Erfahrungswissen von der Elternschaft gibt. Ich selber habe den Kinderwunsch weniger dramatisch, sondern eher wie eine körperliche Notwendigkeit erfahren. Wie das selbstverständliche, unhinterfragbare Bedürfnis zu schlafen oder zu atmen oder zu lieben. Das Glück, das ich mit meinen Kindern erlebt habe, ist kein stabiles, jeden Tag zuverlässig schon morgens um sieben Uhr beim Schulbrotschmieren abrufbares, sondern es ist ein unplanbares Glück vieler unverhoffter, manchmal epiphanischer Augenblicke: ein Wort, das sie sagen, eine Zeichnung, die berührt, ein Tanz, den sie erfinden, ein Labyrinth, das sie gebaut haben, drei Sekunden, in denen man sich umblickt und die Mannschaft im Trippelschritt dem Kindergarten zustreben sieht und einem aus heiterem Himmel das Herz stehen bleiben will.

Kinder verändern das Leben radikal, doch merkwürdigerweise gelingt es den Eingeweihten nicht, darüber in einer auch Nichteingeweihten verständlichen Weise Auskunft zu geben. Wir erzählen von unserer Liebe zu unseren Kindern, die uns oft hilflos, manchmal wütend, manchmal andächtig, manchmal ganz benommen macht, nur in schlechten, ganz vagen Übersetzungen. Es sieht fast so aus, als könnten aus dem Elternreich ähnlich wie aus dem Totenreich keine verlässlichen Nachrichten an die Restwelt mehr durchdringen. So fällt es schwer, für ein Leben mit Kindern zu werben, indem man von dem – der Warenwirtschaft ganz entzogenen – Glück mit den verschmierten, weinenden, strahlenden, nervenden, umwerfenden und unbeschreiblichen Zwergen vor sich hin erzählt.

Eltern, die einen kühlen Kopf bewahrt haben, versuchen das erst gar nicht, sondern bemühen sich um eine eher nüchterne Bilanzierung ihrer Elternschaft. Ein Ehepaar mit vier Kindern und Vorstadthäuschen wirbt für seinen Lebensentwurf, indem es sich von einem konkurrierenden Lebensmodell absetzt, das es wie folgt beschreibt: »Um die Dreißig *Start Up*, noch 'nen Fach und noch 'nen Titel, Auslandsbusiness und Konsumterror, Statusjagd und Positionswettkampf; um die Vierzig *Midlifecrisis*, Scheidungsschlacht, Fassade bröckelt, Schönheit weicht, Sinnkrise und Fitnessstudio, Streit und Versöhnung, Motorradhasel und Yogatrainer; um die Fünfzig Resignation, einsamer Wolf sucht Reisebegleitung, Botox und Pilates, Survivaltrips und Extremgolfing; um die Sechzig Herzinsuffizienz.«

Ich bin mir allerdings nicht sicher, ob sich Nicht-Eltern zuverlässig in solchen Beschreibungen wiederfinden und zur Elternschaft bekehren lassen. Letztlich bleibt es dabei: Es gibt aus objektiver Sicht keinen erklärbaren Grund, aus dem heraus es heute sinnvoll wäre, Kinder zu bekommen. Das Einzige, das es gibt, ist die nur subjektiv nachvollziehbare Sehnsucht nach Präsenz, die das Leben mit Kindern bedeutet.

Die Erfahrung dieser Anwesenheit im Leben hat mit dem Glück, das man gegen Bezahlung für Augenblicke erfahren kann, nichts zu tun. Sie ist noch nicht einmal in jeder Hinsicht angenehm. Eines ist sie aber zuverlässig: ein alles Vorhergehende umstürzender, das Herzzentrum berührender Eindruck von Lebendigkeit.

Eltern steigen aus dem Hamsterrad des Vorteilsdenkens aus

Es ist trotz allem bereits Erwähnten sehr schwer zu verstehen, warum immer mehr Menschen es vorziehen, diese existenzielle Erfahrung nicht zu machen. Materielle Gründe können es in einem der reichsten Länder der Erde nicht sein. Mehr materielle und soziale Sicherheit, mehr Bequemlichkeit, eine bessere Versorgung als hier und heute hat es in den Hunderttausenden von Jahren, seitdem Menschen existieren, nicht gegeben. Natürlich haben Familien es schwerer als die zeitgenössischen Doppelverdiener. Trotzdem ist es eine Mär, wenn behauptet wird, wir hätten aus materieller Not keine Kinder.

Das hat andere Gründe. Der Hauptgrund ist sicher nicht der materielle Mangel, sondern im Gegenteil: der Materialismus, unsere Selbstsucht, die uns auch unfähig macht zu lieben. Es sind nicht unsere materiellen Leiden, die uns zur Kinderlosigkeit verdammen, sondern unsere eifrige Sorge, sie zu vermeiden. Es ist nicht die Armut, die uns zur Vorsicht mahnt, sondern unser Streben nach Reichtum, nach immer mehr. Der Hauptgrund für unsere relative Kinderlosigkeit ist die Angst, wegen Kindern im allgemeinen Wettrennen um die größten materiellen Vorteile nicht mithalten zu können.

Und diese Angst ist durchaus berechtigt. Sie ist nicht irgendeine bösartige Folge, sondern der Motor unserer Wettbewerbsgesellschaft. Eine Familienministerin, die glaubt, irgendjemandem diese Angst mit Geldgeschenken auszutreiben, die hofft, dass man Kinder bekommt, weil man damit ein subventioniertes Sonderangebot im Warenhaus des Lebens macht, ist selber Opfer des Scheckbuch-Denkens, das mit Schuld hat an unserer Kinderlosigkeit.

Kinder sind kein Schnäppchen, und man kann auch niemandem vorgaukeln, sie wären eines. Wer Kinder will, steigt immer, egal, wie viele Prämien und Trostpreise ihm versprochen werden, aus dem materialistischen Vorteilsdenken aus. Die Gesellschaft als Ganze mag in ferner Zukunft vom Kindersegen profitieren, für den Einzelnen ist er heute immer ein Verlustgeschäft. Und wer für Nachkommen nicht zahlen will, wird auf Nachkommen verzichten. Das genau ist ein entscheidender Grund für den Prozess, der im Augenblick stattfindet. Und niemand wird diesen Prozess umkehren können, ohne die Logik umzukehren, der er sich verdankt.

Man sollte die Frage also umdrehen. Man sollte sich nicht fragen: Welche Vorteile können Kinder schaffen? Sondern: Wie kann man aus dem Hamsterrad des Vorteilsdenkens aussteigen? Das klingt harmloser, als es ist, denn das Vorteilsdenken ist nicht irgendeine verzeihliche Marotte so wie Faulheit oder die Unlust, die Küche in Ordnung zu halten. Es ist das Fundament unserer Existenz. Und das seit ein paar Millionen Jahren.

Auch unsere Vorfahren waren keine besseren Menschen als wir. Auch sie haben ihr Leben dem Vorteilsprinzip untergeordnet, haben aus Vorteilssucht Kriege geführt und Geschäfte gegründet. Allerdings stand das Familiengründen und Kinder-in-die-Welt-Setzen damals der ununterbrochenen und, nebenbei bemerkt, zutiefst unchristlichen Vorteilsnahme noch nicht so im Weg wie heute. Im Gegenteil: Kinder bedeuteten einen lokalen Überlebensvorteil der Sippe, der Familie, des Familienunternehmens. Heute, wo es keine Sippe, diverse staatliche Zwangsversicherungen, globale Arbeitsplätze und mehr Scheidungen als jemals zuvor in der menschlichen Geschichtsschreibung gibt, zählt dieses Argument nicht mehr. Heute muss jeder allein sehen, wie er durchkommt. Und da kommt er allein unvergleichlich besser durch als in jeder anderen Formation.

Nur der Einzelne ist in der Lage, jeden attraktiven Arbeitsplatz weltweit augenblicks antreten zu können, drei Jahre in Hongkong, zwei in München und vier in New York zu arbeiten. Oder auch nur drei in Hamburg, zwei in Frankfurt, fünf in Berlin, wie es in der gebildeten Mittelschicht inzwischen gang und gäbe ist. Ohne Kinder, in entspannter, anregender Fernbeziehung zu einem attraktiven, erfolgreichen Freizeitpartner, zu einer attraktiven, jungen Freizeitpartnerin – alles kein Problem. Mit Kindern, Esstisch, Sozialnetz, fünf Betten und zwei berufstätigen Eltern – eine Katastrophe.

Eltern entdecken ihre Instinkte und Wahrnehmungen neu

Aber da ist noch mehr. Es ist nicht nur der durch die Kinder schwer beschädigte Kontostand, der uns zu Fortpflanzungsverweigerern macht. Wir sind zwar so gut es geht darwinistisch-ökonomisch orientiert, aber so blöd nun auch wieder nicht. Wenn wir etwas wirklich wollen, ein Luxusauto, die Welt umsegeln, noch mal ganz von vorne anfangen oder etwas ähnlich Dringendes, scheuen wir in der Regel keine materiellen Opfer. Es muss also noch etwas anderes daran schuld sein, dass immer mehr von uns buchstäblich vergessen, dass man neben allerhand anderen abwechslungsreichen Freizeitbeschäftigungen auch Kinder bekommen könnte.

Denkbar wäre es, dass diese Vergesslichkeit auch etwas mit unserer Vergangenheit, insbesondere mit besagter Kindheit unserer Generation zu tun hat, in der ebenfalls einiges vergessen wurde. Zum Beispiel die Erfahrung von lebendigen Zusammenhängen. In unserem Leben wurden, wie gesagt, sehr viele ursprüngliche Verbindungen zerschnitten: die Verbindung zwischen Sexualität und Fortpflanzung, zwischen Pflanzen und Ernten, zwischen Leben und Sterben, zwischen Fühlen und Wissen, um nur die wichtigsten zu nennen.

Von natürlichen Lebenskreisläufen halten wir uns aus guten Gründen weit entfernt. Unsere Essgewohnheiten kennen keine Jahreszeiten, keine Abwechslung zwischen Fülle und Spärlichkeit, zwischen fruchtbaren und unfruchtbaren Jahreszeiten. Wir versuchen, den Zyklus der menschlichen Lebensphasen und den Alterungsprozess zu manipulieren, beachten dank der Pharmaindustrie die Rhythmen der menschlichen Empfängnisfähigkeit nicht mehr und müssen uns das Wissen über die Geburt und Pflege von Säuglingen mühsam in Schwangerschaftskursen und über eine absurde Beratungsliteratur aneignen.

In allen zentralen Lebensbereichen, der Sexualität, der Ernährung, der Fortpflanzung, der Geburt und dem Sterben, haben wir uns der Technik überantwortet und sind selbst zu Unwissenden geworden. Wir lassen uns die Kinder immer häufiger in hochgerüsteten Operationssälen per Kaiserschnitt aus dem Leib herausschneiden und sterben nicht selten in Gesellschaft eines Maschinenparks, an dessen Schläuche und Monitore wir bis zum letzten Atemzug angeschlossen bleiben.

Natürlich hat das alles seine segensreichen Seiten. Aber ist es wirklich so verwunderlich, dass eine Gesellschaft, die keine primären Erfahrungen von den Lebenskreisläufen mehr hat, einfach vergisst, Kinder zu bekommen?

Viele Eltern berichten, dass mit der Elternschaft eine Renaturierung ihrer Instinkte und Wahrnehmungen eingesetzt hat. Plötzlich sind sie aufmerksam geworden auf die Jahreszeiten, auf die biologischen Rhythmen, auf die Rehe im Kornfeld, die Geschmacksverstärker im Joghurt, die Asphaltwüsten zwischen Wohnung und Supermarkt. Sie entdecken in sich neue oder lange verschüttete Eigenschaften wie Gelassenheit, Unverkrampftheit, Fürsorglichkeit, Zärtlichkeit und Einfühlungsvermögen. Sie finden einen besseren Zugang zu ihrem Innenleben. Sie fühlen sich eingebunden in die »Kette des Lebendigen«, in den »Zyklus von Leben und Tod, Geburt und Vergänglichkeit«. Das sind ohne Frage sehr begrüßenswerte Seelenregungen, demografische Durchschlagskraft wird man ihnen nicht zusprechen müssen.

Eltern erkennen ihr Leben nicht wieder

Niemand wird aus demografischen Erwägungen Kinder bekommen. Schon gar nicht deswegen, weil uns ganz ohne Eigenbeitrag die Integration der Migranten nicht mehr gelingt. Oder weil es eine gesellschaftliche, rentenpolitische, gar nationale Pflicht sein könnte, deutsche Kinder zu bekommen. Auch der überdeutliche Appell an die gebildete Oberschicht, sich fortzupflanzen, um den erreichten Zivilisationsstand nicht aufs Spiel zu setzen, wird ungehört verhallen. Weder Agitation noch staatliche Alimentation werden die deutschen Hochschulabsolventen in die Kreißsäle treiben.

Das kann auch gar nicht anders sein. Was zählen schon ein paar Euro oder ein paar apokalyptische Prognosen mehr oder weniger, wenn es um unser Leben geht? Ausbaden muss man die Sache am Ende immer allein. Jeder, der den Schritt über den Rubikon der Elternschaft schon hinter sich hat, weiß, was das heißt. Man erkennt sein Leben nicht wieder. Darauf sind wir schlecht vorbereitet. Alles, was wir bisher erlebt haben, sprach eine andere Sprache. Unser Leben mag oft anstrengend und aufreibend gewesen sein. Wir haben hart gearbeitet, uns ohne Rücksicht auf unsere Kräfte für eine Sache eingesetzt, sind beruflich und aus purem Spaß schon oft an die Grenzen unserer Möglichkeiten gestoßen. Das hat uns nichts ausgemacht. Im Gegenteil. Denn es gab immer noch etwas anderes. Lange Abende allein vor der Stereoanlage mit einem Glas Weißwein, einen Sonntagvormittag im Bett, einen meditativen Liegestuhl-Urlaub am Pool, ein verliebtes Wochenende an der Nordsee, eine einsame Wanderung in den Bergen, ausufernde, anregende Langzeitgespräche mit Freunden.

All das ist von heute auf morgen und dann für sehr lange Zeit vorbei. Sobald das erste Kind da ist, läuft die Uhr. Morgens um sechs oder sieben Uhr geht es los, nachdem man nachts zwischen drei- bis sechsmal aufstehen musste, mittags gibt es neunzig Minuten Pause (das Kind schläft), abends nach zwanzig Uhr nickt man nach dem Absingen einer erklecklichen Reihe von Gutenachtliedern mit dem Kind vor Erschöpfung ein. Und so geht es jahrelang weiter. Man konnte sich das vorher nicht vorstellen. Natürlich liebt man das Kind wie nichts sonst auf der Welt. Aber noch nie musste man für irgendetwas im Leben so teuer bezahlen. Wie, fragt man sich, haben die vielen Generationen vor uns das nur ausgehalten?

Wahrscheinlich waren unsere Vorfahren nicht so verwöhnt, weißwein- und poolmäßig nicht so verzärtelt, wie wir das in einem der reichsten Länder der Erde und in der reichsten Epoche der menschlichen Geschichte geworden sind. Sie mussten ohnehin immer arbeiten, egal, ob mit oder ohne Kind.

Aber es muss noch mehr als das Wellnesszeitalter sein, das uns von ihnen trennt. Denn sie waren offensichtlich nicht nur sozial, sondern auch mental einfach besser vorbereitet auf das Familienleben. Wobei das Wort »sie« hier doppelt richtig steht, denn sie, womit wir wieder beim Thema sind, das waren die Frauen.

Unvorstellbar wäre es für die früheren Generationen der Unter- und Mittelschicht gewesen, überhaupt darüber nachzudenken, dass ein Mensch ein Recht auf beschauliche Weißwein-Abende und erholsame Tage an der Nordsee haben könnte. In den Jungmädchenbüchern der Vorkriegszeit, die ich meinen Töchtern aus nostalgischen Erwägungen abends gerne vorlese, rollt die ganze Mädchenbiografie, die dort zwischen Kniestrumpfglück und Puppenmütterchenseligkeiten ausgebreitet wird, ohne je ins Schlingern zu geraten auf die Mutterschaft zu. Försters Pucki kennt den großen Claus, dem sie als kaum Zwanzigjährige drei prächtige Jungen schenken wird, schon aus Kindertagen, und ihre Schulzeit, die Ausbildung zur Kindergärtnerin sind nichts als in Kauf genommene Umwege auf dem Weg zur Mutterschaft. Dem Berliner Arzttöchterchen Nesthäkchen wäre es nicht anders ergangen, wenn auf dem Lebensweg ihrer Erfinderin nicht ein paar Sackgassen wie Weltkrieg und Judenverfolgung gelegen hätten. Eine Frauenbiografie jenseits der Mutterschaft gab es in den gutbürgerlichen Kniestrumpfzeiten im Allgemeinen nur im alleruntersten Segment der Gesellschaft: bei den Huren und Mägden.

Der Selbstversuch unserer Generation ist historisch einmalig

1896, also vor über einhundertzehn Jahren, gab es in Deutschland die ersten Abiturientinnen. Meine Großmutter und ihre Schwester gehörten noch nicht dazu, meine Mutter und deren Schwester später dann schon. Studieren durften in dieser Generationenfolge in der Regel aber erst die Enkelinnen. Noch nie in der Geschichte hat sich das Bildungsniveau der Frauen innerhalb so weniger Generationen derartig erhöht wie in den vergangenen Jahrzehnten. Auch die Folgen kann ich beispielhaft in unserer Familiengeschichte ablesen: Während meine Großmutter nur einmal verheiratet war und meine Eltern gerade ihre Goldene Hochzeit gefeiert haben, ist meine Schwester bereits zum zweiten Mal verheiratet, habe ich drei Kinder von zwei verschiedenen Vätern. Während meine Großmutter nie einen Beruf hatte und meine Mutter ihren Beruf für die Kinder aufgegeben hat, probieren meine Schwester und ich uns im Spagat zwischen einer dreifachen Mutterschaft und einer Berufskarriere. Wer die unmittelbaren Zusammenhänge zwischen weiblicher Bildung, Beruf, Mutterschaft und Scheidungsrate nicht sehen will, muss blind bleiben.

Wie immer man zur Doppelrolle als Frau, die wie ein Mann arbeitet und Mutter ist, auch steht, sicher ist: Wir haben dafür keine Vorbilder. Weder in unseren Familien noch irgendwo sonst in der Vergangenheit. Der Selbstversuch, den unsere Generation gestartet hat, ist welthistorisch einmalig. Er beginnt buchstäblich bei null. Es ist in der Geschichte weit und breit niemand zu finden, der uns gezeigt hätte, wie man das macht. Wir müssen diese für die weiblichen Biografien und die Gesellschaft so entscheidenden Umwälzungen ganz ohne Hilfe meistern. Gemessen an der Bedeutung und Einmaligkeit dieses Experiments wird unser Versuch noch immer viel zu wenig beachtet. Überall stehen nur die sensationslüsternen Passanten herum, um festzustellen, dass bei unseren Experimenten mit den jahrhundertealten Grundsätzen der Geschlechterrollen ziemlich viel schief geht.

Und sie haben ja Recht. Die Unfallrate auf dem Emanzipationsweg ist enorm. Der Schwierigkeitsgrad auf dieser Strecke ist, gemessen daran, dass es sich hier eigentlich um menschliche Selbstverständlichkeiten wie Fortpflanzung und Familienleben handelt, ungeheuerlich. Kein Wunder, dass sich in jüngster Zeit die Stimmen mehren, die eine

Rückkehr in voremanzipatorische Zustände empfehlen. Zu Deutsch: eine Rückkehr zur Hausfrauenehe unserer Vorfahren. Das ist an und für sich eine schöne, wenn auch wenig originelle Idee. Sie hat den Haken, dass selbst diejenigen, die sie propagieren, sie in keinem einzigen Fall am eigenen Leibe exerzieren. Sie empfehlen sie immer nur anderen: im Zweifel der eigenen Frau.

Die Hausfrauenehe ist nicht grundsätzlich zu verteufeln

Über die Hausfrauenehe gibt es die unterschiedlichsten Ansichten. Die meisten Hausfrauen sind angeblich gerne Hausfrauen, obwohl Depressionen und Alkoholabhängigkeit in diesem Berufsstand genauso grassieren wie in vielen anderen. Den Kindern, meinen die einen, sei es egal, ob zu Hause eine Hausfrau auf sie warte oder nicht, Hauptsache, Mama hat gute Laune und ist liebevoll, egal, ob nach Schulschluss um dreizehn Uhr oder im Nichthausfrauenfall nach Arbeitsschluss um neunzehn Uhr. Den Kindern, meinen die anderen, sei es nicht egal, ob sie ihre gut gelaunte Mutter erst am frühen Abend oder schon beim Mittagessen genießen, sie bevorzugen es, egal, in welcher Stimmung, ihre Mutter schon beim Mittagessen zu Hause vorzufinden. Auch der Ehemann, der seinerseits gegen neunzehn Uhr das Haus betritt, bevorzugt es angeblich, seine Frau schon ab dreizehn Uhr im Haus zu wissen. Wer sollte sonst die Schularbeiten kontrollieren, das Geigenspiel, die pünktliche Abreise zum Ballettunterricht? Das ist, mit Fontane gesprochen, ein weites Feld, über das schon viel Buchstabensuppe verschüttet wurde. Es gibt Bilderbuchkarrieristinnen, die sich für die der Frau von der Natur zugedachten Aufgaben einsetzen, als handele es sich um misshandelte Robbenbabys, und dabei, wie sollte es anders gehen, die Hausfrauenehe verträumt im Blick haben. Und es gibt vernünftige Stimmen, die vor einer Überbemutterung der Wohlstands-Einzelkinder, um die es sich in solchen Kreisen in der Regel handelt, händeringend warnen.

Überbemutterung entsteht fast zwangsläufig, wenn eine im Idealfall gut ausgebildete Frau jahrelang nichts anderes tut, als den ihr angeblich von der Natur zugedachten Aufgaben nachzugehen, sprich ein Kind, höchstens zwei Kinder von morgens bis abends im Alleinbetrieb zu versorgen. Doch ist das Dreipersonenmodell bereits eine Degeneration der Hausfrauenehe, die ursprünglich für einen Sechs- bis Zehnpersonenhaushalt gedacht war und in solchen Haushalten bis heute ihren Zweck erfüllt (obwohl es, wie wir alle wissen, prominente Neunpersonenhaushalte gibt, in denen beide Eltern voll berufstätig sind und die Kinder ohne psychotherapeutische Hilfestellung das Abitur erreichen).

Aber es gibt noch andere Gründe als die immer kleiner werdende mittelständische Kleinfamilie, die gegen die Hausfrauenehe sprechen. Der wichtigste Grund ist der: Wir haben heute viel mehr Zeit als unsere Mütter und Großmütter.

Auch meine Eltern gründeten eine mittelständische Kleinfamilie und führten eine Hausfrauenehe. Trotzdem kann ich mich daran erinnern, dass meine Mutter von morgens bis abends gearbeitet hat. Sie hat drei Kinder, ich habe drei Kinder, sie war nicht berufstätig, ich bin berufstätig. Wo kommt, frage ich mich oft, die zusätzliche Zeit her, die ich für mein Leben brauche? Oder andersherum: Was hat meine Mutter mit der Zeit gemacht, in der ich meiner Nichthausfrauen-Arbeit nachgehe und beispielsweise Zeit finde, mir hier seitenlang über das Zeitbudget der Frauen Gedanken zu machen?

Eine genaue Auflistung des Tagesablaufs würde die Wahrheit an den Tag bringen. Vermutlich hat sie morgens zwei Stunden aufgeräumt (Bürsten und Kämme in ein Schälchen, in das Schälchen noch eine Schälchenschonerunterlage und so weiter), die Betten gemacht (wenn die Mutter die Falten im Laken nicht glatt zieht, hat das Kind schlechte Träume), die gewaschene Wäsche gebügelt (auch die Unterhemden und Unterhosen), akkurat Kante auf Kante in die Schränke gelegt, dann hat sie Gemüse geputzt, Kartoffeln geschält, Fleisch geschnitten, Mittagessen gekocht, den Tisch gedeckt (Teller, Dessertteller, Kartoffelschüssel, Gemüseschüssel, Fleischplatte, Fleischsoßentasse), alles wieder abgedeckt, mit der Hand die unzähligen Teller, Unterteller und Soßentassen abgewaschen, abgetrocknet, wieder in die kleinen Schränke verstaut, dann ist sie einkaufen gegangen, hat ohne Auto (mit dem fuhr das Familienoberhaupt zur Arbeit) Getränke und Essen für fünf Personen besorgt und nach Hause geschleppt, dann Wäsche gewaschen (in der Badewanne), aufgehängt, Abendbrot gemacht, abgewaschen, weggeräumt, die Kinder gewaschen, die Kinder ins Bett gebracht. Danach, wenn mein Vater gegen zweiundzwanzig Uhr von seiner Arbeit nach Hause kam, war sie mit Sicherheit todmüde. Für sich selbst und ihre komplizierte Hochfrisur, die nur noch an Feiertagen zum Einsatz kam, hatte sie kaum Zeit.

Beinahe keine dieser Arbeiten führe ich noch regelmäßig so aus. Das Aufräumen fällt leider aus, die Wäsche wird nur zur Not und im Einzelfall gebügelt, von komplizierten Hochfrisuren kann keine Rede mehr sein, Spül- und Waschmaschine waschen bekanntlich von allein, mittags essen wir alle auswärts, einzig der letzte Teil des Tages ähnelt sich zwischen den beiden Generationen noch.

Mit anderen Worten: Die Hausfrauenehe meiner Mutter und vermutlich der meisten Frauen ihrer Generation kam vor allem der akkuraten Durchführung der Hausarbeit zugute. Die Kindererziehung lief damals nebenher. Zugespitzt gesagt: Meine Mutter hat ihren Beruf gar nicht so sehr für uns Kinder, sondern vielmehr wegen der schlecht organisierten, technisch schlecht ausgestatteten, dafür aber zeittypisch neurotisierten Hausarbeit an den Nagel gehängt. Unterm Strich hatte sie nicht mehr Zeit für uns als ich jetzt für meine Kinder, sprich herzlich wenig.

Das bestätigen aktuelle Zeitbudget-Studien: Eltern verbringen heute nicht weniger Zeit mit ihren Kindern als zu Zeiten der allein selig machenden Hausfrauenehe. Im Gegenteil: In den vergangenen zehn Jahren hat die Zeit, die Eltern mit ihren noch nicht schulpflichtigen Kindern verbringen, sogar zugenommen. Was allerdings eher an einer effizienteren Form der Haushaltsführung als am noch immer sehr beliebten Hausfrauenmodell liegt. Denn merkwürdigerweise verbringen die Hausfrauen nicht so viel Zeit mit ihren Kindern, wie sich das die feurigen Apologeten und Apologetinnen dieser auslaufenden Lebensform erhoffen: Der Unterschied in der täglichen Kinderbetreuung zwischen Hausfrauen und Nichthausfrauen liegt im statistischen Durchschnitt lediglich bei einer Stunde und vierzig Minuten. Man muss hier einen Moment innehalten und sich das vergegenwärtigen: So viel Grabenkämpfe, so viel ideologisches Gezerre und Publizieren, das ganze haltlose Gerede über die notwendige Rückkehr des Patriarchats und der behaupteten naturgegebenen Hausfräulichkeit. Und alles nur wegen einer Stunde und vierzig Minuten mehr oder weniger.

Zugegeben: Als berufstätige Mutter weiß ich genau, wie kostbar eine tägliche Stunde mehr oder weniger für mich und die Kinder ist, und ich gönne den Hausfrauenkindern diese einhundert Mama-Minuten, die sie täglich mehr bekommen, von Herzen. Was aber machen diese Mamas eigentlich mit den anderen sechs bis sieben Stunden, die ich zusätzlich von meinen Kindern getrennt bin? Diese Zeitdifferenz wird nach Auskunft des 7. Familienberichts der Bundesregierung nicht in eine noch perfektere Haushaltsführung investiert, als dies bei unseren Müttern der Fall war (es werden also nicht etwa noch Unterlagen in die Unterlagen für die Bürstenablage gelegt), sondern in persönliche Freizeit.

Das ist schön und durchaus verständlich, bleibt aber eine irritierende Merkwürdigkeit, dazu geeignet, die ideologische Basis der Hausfrauenehe zu erschüttern. Offenbar handelt es sich beim Shoppen und Joggen inzwischen auch um »der Frau von der Natur zugedachte Aufgaben«. Das wirft einige Fragen auf: Ist es denkbar, dass es sich bei dieser in jeder Hinsicht gesellschaftlich unterstützten und (steuer)begünstigten Lebensform gar nicht um den persönlichen Beitrag zum Muttermythos, sondern um eine besonders beneidenswerte Variante der Kaffeehausexistenz handelt? Vielleicht sogar um noch mehr: um eine stille weibliche Auflehnung gegen das männlich geprägte und auf männliche Bedürfnisse zugeschnittene Arbeitsleben durch subversive Nichtteilnahme?

Daran finde ich nichts auszusetzen, sollen sich andere um die wirtschaftlichen Folgen dieses aus Steuergeldern finanzierten Müßiggangs Sorgen machen. Besonders Frauen in wenig qualifizierten Berufen ist ein subventionierter Berufsausstieg zu gönnen. Besser zu Hause mit den Kindern auf dem Sofa und Shoppen und Joggen als allein im Supermarkt an der Kasse oder mit dem Wischeimer in neonlichtbeschienenen Bürofluren. Zu bedenken und einzuwenden wäre lediglich, dass wir Frauen mit der aktuellen durchschnittlichen mütterlichen Erwerbszeit von zwölf Stunden in der Woche weiterhin nur eine Gastrolle in der Politik, in der Kultur, in der Wirtschaft und Publizistik spielen werden. Zu bedenken ist ferner, dass das Armutsrisiko für Hausfrauen im Alter besonders hoch ist. Auch das Hausfrauenglück hat seinen Preis. Aber das heißt nichts. Jedes Glück hat seinen Preis. Die Frage ist nur, wer sein Glück teurer bezahlt: die kinderlose Frau, die berufstätige oder die nichtberufstätige Mutter. Sehen wir weiter.

Wir unterschätzen, was es heißt, ein kleines Kind ununterbrochen zu betreuen

Das Kind ist da. Niemand kann genau erklären, wie es dazu kam. Noch immer geht es den meisten Eltern so: Sie wussten vorher nicht, was sie tun. Sie haben es getan aus irgendwelchen schwer erklärbaren Gründen, und schon ist das Geschrei im Haus. Das Kind, sagte Simone de Beauvoir, eine der größten Propagandistinnen der Kinderlosigkeit, die je auf Erden gelebt haben, das Kind »tobt herum, es schreit, es plaudert, es macht Lärm: Es lebt sein eigenes Leben. Und dieses Leben stört das der Eltern. Ihr eigenes und sein Interesse decken sich nicht: daher der Konflikt.« Da hat sie Recht. Die Ruhe ist hin. Die Zeit zum Lesen, zum Schreiben, zum Nachdenken, zum Miteinanderreden auf Jahre verschluckt. Und das sind noch die kleinsten Probleme.

Die schlichte, in der Kinderfrage alles entscheidende Allerweltsweisheit geht so: Ein kleines Kind darf in seinen ersten Lebensjahren auch nicht eine Minute allein gelassen werden. Die ebenso schlichte, sich unmittelbar daraus ergebende Frage heißt deshalb: Wer kümmert sich um das Kind? Das klingt alles recht harmlos, hat aber schon einige Leben zerschmettert. Das Merkwürdigste daran ist: Jeder weiß das. Und keiner ist wirklich darauf vorbereitet.

Kehren wir zu unserem mittelständischen Paar zurück: sie 36, er 38 Jahre alt. Sie arbeitet voll in einem Wissenschaftsverlag, er als Juniorprofessor, beide verdienen in etwa gleich viel, beide möchten noch ein paar Karrieresprossen weiter. Die schöne Vierzimmeraltbauwohnung mit Balkon und Pitchpine-Dielen in der Innenstadt für 1200 Euro Kaltmiete kann das Paar nur finanzieren, wenn beide arbeiten. Was werden sie tun, wenn das Baby da ist?

Sie wird ein paar Monate Elternzeit in Anspruch nehmen, um das Kind zu stillen, er wird vielleicht noch zwei Monate dazugeben. Mit zwölf Monaten kann man das Kind ganztags in der Kinderkrippe abgeben, von neun bis siebzehn Uhr, inklusive zweites Frühstück, Mittagessen und Keksrunde. Kostenpunkt: rund 300 Euro. Meine Kinder fanden besonders die Keksrunde immer sehr gemütlich, da waren sie dann mit dem Betreuungspersonal bald ganz allein.

Der Mutter mit der vollen Stelle im Wissenschaftsverlag wird allerdings selbst diese großzügige und auch nur in Großstädten übliche Schließungszeit zum Problem werden. Denn um halb fünf Uhr nachmittags verlässt keiner ihrer Kollegen bereits das Haus. In der Universität beginnen zu diesem Zeitpunkt die wichtigen Meetings. Was können die beiden da machen? Für ein Aupairmädchen ist die Wohnung zu klein, obwohl so ein Mädchen mit zusätzlichen 250 Euro im Monat noch vergleichsweise billig wäre und auch gleich das Kinderzimmer ein wenig aufräumen könnte, bis die Mutter und der Vater zwischen achtzehn und zwanzig

Uhr nach Hause kommen. Bleibt also nur eine reguläre Kinderfrau, die fest einzustellen mit allem Drum und Dran das Budget selbst dieses gehobenen Angestellten-Paares heillos überfordert.

So geraten die beiden sehr schnell auf ganz reguläre Weise in die Illegalität. Sie werden eine nette Mittfünfzigerin aus der Nachbarschaft, die bereits Arbeitslosengeld aus ihren gezahlten Steuergeldern kassiert, schwarz für sich arbeiten lassen, für acht bis zehn Euro pro Stunde. Da haben sie noch Glück. Die Frau ist in der Nähe und zuverlässig. Die Kolleginnen im Verlag sind häufig schon bei der fünften oder zehnten Kinderfrau, erst aus Russland, dann aus Ghana, am häufigsten aus Polen. Keine ist wirklich lange in Deutschland geblieben, keine hat sich überhaupt ernsthaft für das Kind interessiert.

Für die Kinderfrau, die das Kind um siebzehn Uhr in der Krippe abholt, ihm Abendbrot macht und mit ihm auf die Eltern wartet, müssen die beiden dann in etwa noch einmal 300 bis 400 Euro im Monat bezahlen. Nach dem zweiten Kind, das im nächsten Jahr dazukommt, ist die Familie schon bei rund 800 Euro, die allein für Kindergarten und Kinderfrau aufzubringen sind. Das bringt die beiden nicht um, macht aber zusammen mit der Miete schon 2000 Euro im Monat aus, Heizung, Versicherung, Auto, Telefon, Kleidung, Nahrung und Urlaub noch gar nicht dazugerechnet. Ein zweites Gehalt ist zum Unterhalt dieser Familie also dringend erforderlich, an Teilzeitarbeit ist nicht ernsthaft zu denken. Die Doppelbelastung mag den beiden mit zwei kleinen Kindern in den kommenden Jahren immer saurer werden. Es ist nichts zu machen. Die Eltern sind gefangen.

Das Familienleben ist zu teuer

Daran ließe sich vieles ändern. Ein Schicksal ist es nicht. Nur
können die beiden allein das nicht schaffen. Der schlimmste
Knebel für die junge Familie, die wegen der Arbeitsplätze
und Wegezeiten gezwungen ist, in einer deutschen Großstadt
zu leben, sind die Mieten in der Innenstadt. 1200 Euro für
eine halbwegs geräumige Vier- oder bei zwei oder gar drei
Kindern gerne Fünfzimmerwohnung sind nicht unüblich,
eher niedrig geschätzt. An dieser Stelle wären Subventionen
eher angebracht als beim steuerbegünstigten Hausfrauen-
Shopping. Andernfalls werden die beiden irgendwann auf-
geben. Sie werden mürbe. Sie werden die Innenstadt verlassen wie Tausende Familien mit kleinen Kindern zuvor.
Sie werden eben morgens noch früher aufstehen, werden
sich in Vorortzügen zusammenquetschen lassen, werden
die täglichen Staus auf der Autobahn vergrößern. Bald
wird es in Hamburg, Frankfurt und München so aussehen,
wie es heute schon im Zentrum von Rom oder Paris aus-
sieht: vollkommen kinderbefreit. Die Singles und Yuppies,
die Double-Income-No-Kids, die Rentner, und wie sie alle
heißen, können sich dann in den Eiscafés ungestört breit
machen, können die Wiesen des Stadtparks ganz und gar
von ihren Hunden vollkacken lassen und sich überhaupt
ganz unter sich fühlen.

Der zweite Knebel unserer jungen bundesdeutschen Wohl-
standsfamilie sind die Kinderbetreuungskosten. 800 Euro,
sprich den Höchstbetrag für zwei Kinder für einen Ganz-
tagskrippenplatz plus privater Anschlussbetreuung bis zum
Arbeitsschluss der Eltern, sind trotz der 300 Euro Kindergeld
für zwei Kinder viel zu viel. Den völligen Arbeitsausstieg

der Mutter oder des Vaters würden diese Kosten zumindest in diesem besser verdienenden Fall noch nicht rechtfertigen (in anderen Berufen sehr wohl), trotzdem sind sie zu hoch. Warum können die Kindergärten nicht genauso steuerfinanziert werden wie die Schulen und Universitäten? Warum muss man sich staatliche Kinderbetreuung kaufen wie einen privaten Luxusgegenstand? Dasselbe gilt für die Hortplätze, die man letztlich genau wie die russische Kinderfrau aus versteuertem Einkommen teuer bezahlen muss. Warum eigentlich? Alles für das große Glück, Kinder aufziehen zu dürfen?

So kann und wird es sicher nicht weitergehen. Es gibt andere, bessere Lösungen, und die demografische Not wird dafür sorgen, dass sie sich durchsetzen. Für die beiden berufstätigen Mittelständler aber, denen nach dem zweiten Kind die schöne Pitchpine-Wohnung schon ein wenig eng wird und die eigentlich gerne noch ein drittes Kind hätten, spielt diese ferne Aussicht keine Rolle. Was sie brauchen, ist einfach aufzuzählen: weniger Arbeit, geringere Kosten, mehr Platz.

Solche Klagen halten viele für überzogen. Und überhaupt: Eltern jammern viel zu viel. Das behaupten jedenfalls diejenigen, die Kinder unter noch viel beschwerlicheren Umständen großgezogen haben, als wir das heute tun. In ebensolchen Wohnungen, die uns schon nach dem zweiten Kind zu klein erscheinen, haben viele Familien nach dem Krieg vier oder fünf Kinder großgezogen. Und viel Zeit hatten diese Familien damals für die Kinder auch nicht. Mehr Geld schon gar nicht. Sind wir also nicht einfach maßlos verwöhnt?

Natürlich sind wir das. Und das ist auch richtig so. Denn man kann unserem Verwöhnt-Sein auch andere, freundlichere Namen geben. Zum Beispiel Liberalisierung oder sozialer Fortschritt oder auch ganz einfach: Emanzipation. Alle diese Worte beschreiben die unglaubliche Veränderung, die sich in noch nicht einmal fünfzig Jahren im mittel- und nordeuropäischen Familienleben vollzogen hat. Eine Veränderung, die – das muss man einräumen – dazu geführt hat, dass weniger Kinder auf die Welt kommen und mehr Ehen geschieden werden. Dennoch möchte niemand, der bei Vernunft ist, diese Entwicklung wieder umkehren. Man braucht nämlich sehr viel ideologische Tünche, um die stattgehabte Gefangenschaft unserer Mütter und Großmütter in ihren Hausfrauenehen umzupinseln in ein Gemälde der Selbstlosigkeit und natürlichen Bescheidenheit. In Wahrheit möchte niemand, auch nicht die Ideologinnen und Ideologen der neuen Hausfräulichkeit, das Leben unserer Mütter noch einmal leben. Aber wie gesagt: Zum Glück sind wir zu verwöhnt, um zu solchen Verhältnissen zurückzukehren.

Mutter ist man ewig, Vaterschaft lässt sich ablegen

Ich gestehe freimütig: Ich habe die Sache vollkommen unterschätzt. Ich habe sechsunddreißig Jahre lang im 20. Jahrhundert gelebt. Ich war überhaupt nicht darauf vorbereitet, ein Kind und bald darauf noch ein Kind und sogar noch ein drittes Kind zu bekommen und mit jedem Kind ein Stückchen weiter in die Historie zurückgebeamt zu werden.

Das Zurückbeamen fängt langsam an. Zunächst merkt man überhaupt nichts. Das erste Kind ist da, und man ist hin und weg. Das erste Jahr vergeht wie im Rausch, mühsam, selig,

verzweifelt, aber immer, auch im Unglück noch, hochge-
stimmt und euphorisch.

Dann kam das zweite Jahr. Ich fing wieder an zu arbeiten,
von morgens bis abends achtzehn, manchmal neunzehn Uhr,
wie das in vielen Berufen üblich ist. Der Vater des Kindes
lebte in einer anderen Stadt, wie das in Berufen, die nicht an
jeder Straßenecke ausgeübt werden können, ebenfalls üblich
ist. Noch vor dreißig, vierzig Jahren hätte ich in dieser Situation meinen Beruf aufgegeben. Eine Familie, die nicht zu-
sammenlebt, nur wegen der Arbeit der Frau? Undenkbar.

Ich aber ging mit meiner neun Monate alten Tochter
zurück in die Stadt, fand problemlos einen netten Kinderladen in unserer Nähe, der in der Tat von morgens um
sieben bis abends um siebzehn Uhr geöffnet hatte. Für
den Abend fand ich eine junge türkische Babysitterin, die
meine Tochter zum Abendbrot mit in ihre Wohngemeinschaft nahm. Gegen neunzehn oder zwanzig Uhr wurde mir
das Kind nach Hause zurückgebracht.

Mutter und Kind ging es in der ersten Zeit sehr gut. Das
Kind lernte schon mit neun Monaten laufen und auch sehr
schnell sprechen. Es war sehr kontaktfreudig und setzte sich
zum Beispiel im Bus oder im Zug sofort jedem vertrauensvoll
auf den Schoß. Auf längeren Bahnfahrten am Wochenende
zum Kindsvater konnte ich immer in Ruhe lesen. Meine Tochter schlenderte leicht schwankenden Schrittes durch den ganzen
Zug und ließ sich von den anderen Fahrgästen unterhalten
und beköstigen. Eigentlich sah alles ganz einfach aus. Ich
hatte das Gefühl: Kinderhaben ist eine großartige Sache.
Man lebt weiter wie bisher und außerdem hat man noch
ein Kind. Man hat einfach alles, das ganze große Glück. Warum war ich nicht schon eher auf den genialen Gedanken
gekommen?

Natürlich gab es leichte Eintrübungen dieser komfortablen Situation. Einmal weigerte sich beispielsweise der Kindsvater, uns am Wochenende zu empfangen. Er habe eine sehr anstrengende Arbeitswoche hinter sich und müsse sich am Wochenende ausruhen. Wie, fragte ich entsetzt zurück. Und meine anstrengende Arbeitswoche? Und nachts immer noch das regelmäßig weinende Kind? Wird das vielleicht anders gerechnet? Und ja, da war schon klar: Bei Müttern gehen die Rechnungen in der Tat anders.

Einmal wurde der Kinderladen misstrauisch. Ich würde dem Kind zu viel zumuten. Die Sache mit der türkischen Wohngemeinschaft sei vielleicht ein bisschen zu unübersichtlich. Ob ich nicht für eine seriösere Betreuung sorgen könne? Konnte ich. Fortan kam die berühmte kinderliebe Mittfünfzigerin, blondiert, geschieden und freundlich. Wenn ich nach Hause kam, schlief das Kind meistens schon, und die Milchfläschchen waren alle gespült.

Natürlich wurde das Kind im ersten Kindergartenjahr auch ständig krank, weil die Viren dort, wie es ihnen beliebt, von Kind zu Kind spazieren gehen. Im Grund eine fabelhafte Angelegenheit, denn nach diesem ersten schwierigen Kindergartenjahr sind meine Töchter später so gut wie nie mehr krank geworden. Meine Kind-Berufs-Idylle war durch diese Virenattacken aber schwer erschüttert. Öfter bin ich mit dem fieberheißen Kind Stunden durch die Republik gekurvt, ein bisschen wie der Vater in Goethes »Erlkönig«-Gedicht, nur dass mein Kind bei Ankunft noch nicht tot war und sich den wunderbaren Großeltern klaglos noch auf dem Bahnhof in die Arme drücken ließ, damit ich mit dem nächsten Zug zur Arbeit zurückkehren konnte. Ein bisschen übertrieben, finden Sie? Da muss man zurückfragen: Kennen Sie einen Arzt, der eine Operation vertagt, einen Journalisten, der eine

Sendung ausfallen lässt, einen Anwalt, der einen Prozess absagt, einen Regisseur, der seine Premiere verschiebt, weil sein Kind Grippe hat? Aber ich weiß ja inzwischen: Bei Müttern gehen die Rechnungen anders.

Trotzdem ging das eine ganze Weile gut. Das Kind hat sich nicht beschwert, die Kinderfrau war zufrieden mit ihrem Job, ich war zufrieden, dass ich der Kinderfrau ihren Job mit meinem Job finanzieren konnte. Der Kinderladen freute sich über meine hohen Beiträge und sah mir sogar meine Abwesenheit bei Elternabenden und Laternebastelnachmittagen großzügig nach. Und wenn zum Laterne-Laterne-Sonne-Mond-und-Sterne-Laufen am Abend auch nur die Blondierte mit dem Kind auftauchte, fand wirklich niemand etwas dabei. Wir lebten schließlich an der Schwelle zum 21. Jahrhundert, mitten in Europa. Allen war geholfen. Gibt es ein Problem? Frau von der Leyen wäre begeistert, wenn die Geschichte hier zu Ende wäre.

Ich habe kein Problem gesehen. Sonst hätte ich mir nicht noch ein zweites Kind gewünscht. Warum sollte die Blondierte nicht zwei Kinder nach Hause und ins Bett kutschieren? Ich würde einfach einen Doppelsitzerkinderwagen kaufen. Warum sollte mir der Kinderladen nicht auch das zweite Baby schon mit neun Monaten abnehmen? Warum sollten die Fahrgäste im Intercity sich nicht mit zwei herumstreunenden kontaktfreudigen Engelchen abgeben? Warum sollte sich die ganze wunderbare Angelegenheit nicht einfach verdoppeln lassen? Sie ließ sich verdoppeln, aber um einen Preis. Offenbar hatte ich ein paar Probleme übersehen.

Doch ganz so schnell lässt man sich aus dem – aus rein weiblicher Sicht – besten Jahrhundert seit Menschengedenken nicht vertreiben. Ich habe mich durch nichts von meiner festen Überzeugung abbringen lassen. Die Sache musste machbar sein. Kinder und Karriere, da haben wir schon ganz andere Hürden überwunden. Leider kam mir bei meinen Bemühungen, die Kinder störungsfrei in unser Arbeitsleben einzupassen, zwar der Vater abhanden, aber das war vor mir schon ein paar Millionen anderen Frauen passiert. Kein Grund zur Kapitulation. Wie sollte die auch aussehen?

In eine Falle war ich allerdings bereits getappt. Und die ist weit mehr als hundert Jahre alt. Die ist Jahrtausende alt. Sie heißt: Mutter ist man ewig. Vaterschaft kann man ablegen wie ein kratziges Wäschestück. Eine Frau, die ein Kind bekommen hat, ist Mutter. Ein Mann, der ein Kind bekommen hat, ist noch lange kein Vater. Das klingt wirklich absurd, denn natürlich ist er der Vater. So sicher wie heute hat sich noch nie eine Vaterschaft nachweisen lassen. Trotzdem ist er nur so lange Vater, wie es ihm Spaß macht. Wenn das Kind oder die Mutter ihm keinen Spaß mehr machen, kann er seine Vaterschaft jederzeit an den Nagel hängen. Er kann sie dann auch ganz nach eigenen Wünschen gestalten, kann sie ferien-, wochenend- oder hobbyweise ausüben. Kann sie kombinieren mit anderen Freizeitgestaltungen und bequem abgleichen mit den Urlaubsplänen seiner neuen Freundin, den Zwängen seiner Arbeitssituation, den Launen des Augenblicks und seines vielgestaltigen Seelenlebens. Vater ist, wer über seine Zeit souverän verfügt. Mutter ist, wer für das Kind da zu sein hat, morgens um halb sieben beim Tierbaby-Lotto-Spielen, abends um einundzwanzig Uhr beim Der-Mond-ist-aufgegangen-Singen, wenn das Kind krank ist und in den zwölf Schulferienwochen im Jahr sowieso. Wer Mutter ist, muss jeden Morgen, den Gott gibt, um sieben Uhr Apfelschnitze schneiden. Wer Vater ist, kann jederzeit ein neues Leben beginnen und, wenn er Lust hat, Biobauer in Timbuktu oder Schafhirte in Schleswig-Holstein werden. Wer Vater ist, kann ein, zwei, drei Familien gründen und auch für die dritte wieder wegen einer jungen neuen Liebe per Bankdauerauftrag sorgen. Das kann ein Mann so oft wiederholen, wie sein Gewissen und sein Kontostand ihm das erlauben. Von einer Mutter hingegen, die für ihre Kinder per *Onlinebanking* aufkommt, hat man noch nicht gehört. Das sind, grob zusammengefasst, die strukturellen Unterschiede in der Elternschaft, die uns Frauen, sobald wir Mütter werden, tatsächlich in die Historie zurückbeamen.

Nicht, dass alle Väter diese Unterschiede so schurkenhaft ausnutzen würden. Es gibt hingebungsvolle Väter, die ihre Kinder selbst bei Gewaltandrohung und erst recht wegen kleinerer Widrigkeiten wie unbequemen Wochenenden, nervenaufreibenden Ferien und durchwachten Nächten niemals verlassen würden. Und ich hoffe sehr, dass diese Väter das Vaterbild der Zukunft bestimmen werden. Eine Garantie dafür gibt es im Zeitalter sich ständig überbietender Glückskonzepte freilich nicht. Die Fakten sehen noch immer anders aus. Die Fakten sagen, dass die Zahl der Alleinerziehenden jährlich steigt und in Berlin beispielsweise schon bei 31 Prozent liegt. Und sie sagen, dass der alleinerziehende Elternteil in 87 Prozent aller Fälle eine Frau ist. Das Drama des verlorenen Vaters, das man lange Zeit für ein Kammerspiel der emanzipierten Milieus gehalten hat, ist dabei, sich zu einer kollektiven Tragödie zu entwickeln.

6. Kapitel
Der Mann als Vater

Von der »vaterlosen Generation« ist nach dem Krieg viel gesprochen worden. Die erste Nachkriegsgeneration ist zu großen Teilen ohne Vater aufgewachsen. Und vaterlos ist auch heute wieder ein stetig wachsender Anteil der Kinder, in den alten Bundesländern ein Fünftel, in den neuen ein Drittel aller Kinder. Vaterlos ist inzwischen beinahe die Hälfte der Freunde meiner Töchter. Die Hobbyväter wiederholen häufig, was ihnen oder ihren Eltern widerfahren ist. Es sieht so aus, als würde hier ein historisches Familienschicksal im Privaten noch einmal wiederholt, als könnte man in einer vermeintlich harmloseren, selbstverfertigten Variante noch einmal nachspielen, was gerade noch überindividuelle Tragödie war.

Von Tragödie freilich wollen die zeitgenössischen Gelegenheitsväter nichts hören. Die Trauer der Scheidungskinder wird von niemandem, nicht einmal von ihren Eltern, in vollem Ausmaß mitempfunden. Das zweijährige Mädchen, das nachts weinend im Bett liegt und schluchzt: »Wo ist mein Papa?«, findet keinen Anwalt. Der kleine Junge, der tagelang nach seinem Vater weint, soll sich beruhigen. Der Vater, den das nicht rührt und der Besseres zu tun hat, als sein kleines Kind großzuziehen, glaubt sich legitimiert durch die zeitgenössische Mehrheitsmeinung, welche die freie Entfaltung der Persönlichkeit und die möglichst umfassende Befriedigung ihrer Konsumentenwünsche über alle anderen Werte und Verpflichtungen setzt.

Ein familienflüchtiger Vater muss nicht befürchten, in der Öffentlichkeit als ein verantwortungsloser, charakterschwacher und rücksichtsloser Mann zu gelten, dem man sich nicht gerne nähert. Familienflucht ist ein Kavaliersdelikt oder nicht einmal das, eine bedauerliche Normalität. Niemand, weder die Freunde noch die neue Lebenspartnerin, die Kollegen, Eltern und Bekannten werden es wagen, den familienflüchtigen Vater an Kategorien wie Verantwortung, Fürsorge, Moral und Charakterstärke zu messen und zu verurteilen. Wenn Kinder einen Anwalt hätten, würde er sich dafür einsetzen.

Das soll die Mütter, die ihren Kindern durch ihre Trennungswünsche den Vater nehmen, nicht freisprechen. Es sind sogar häufiger die Frauen, die eine Scheidung schließlich einleiten. Auch sie bürden ihren Kindern eine Last auf, über die sie sich selten in vollem Umfang Rechenschaft ablegen, die sie verharmlosen und nicht wahrhaben wollen. Was sie von den Vätern unterscheidet, ist einzig, dass sie ihre Kinder in der Regel nicht im Stich lassen, ihr Leid miterleben, in der Nacht an ihren Betten sitzen, sie trösten und begleiten. Das Unglück der gegen ihren Wunsch und Willen verlassenen Väter ist nicht zu verharmlosen. Niemand wird erklären können, warum es richtig sein soll, dass ein Kind seinen Vater nach einer von der Mutter angestrebten Trennung nur noch zu festgesetzten Zeiten, nicht mehr nach freiem Belieben sehen kann. Botho Strauß hat dieser zeitgemäßen Variante des ursprünglich Tragödialen in seinem jüngsten kleinen Prosabändchen »Mikado« einen eigenen Abschnitt gewidmet, in dem ein verlassener Vater bittere Klage führt: »Sie war es doch, die alle Gemeinschaft aufgekündigt hatte. Die mit seiner Liebe, die trotz des Gebrauchs verstiegener

Begriffe eine einfache, gläubige Liebe war, von heute auf morgen nichts mehr anfangen konnte. Die sich die Freiheit genommen hatte, einfach begierig nach Neuem zu sein. Wurde ihr deshalb die freie Verfügung über das Kind zugesprochen? Und ihm nur ein paar Besuchszeiten, wie in einem Gefängnis. Verbunden jetzt mit einer langen Reise. Ja, man hatte nur ihn bestraft. Wofür? Weil er seine Familie treu und zuverlässig liebte? Gesetze, die dieses schreiende Unrecht dulden, sind selbst ein Verbrechen.«

Über das Leid der von ungerechten Umgangsregelungen betroffenen Väter ist schon viel Lärm gemacht worden. Über das Leid der verlassenen Mütter und Kinder wird weniger laut lamentiert. Das Drama, das eine Scheidung für Kinder bedeutet, wird verdrängt und heruntergespielt. Der 7. Familienbericht der Bundesregierung spricht davon, Scheidung müsse entdramatisiert werden, sie sei ein Übergang, der die Ausbildung neuer Familienstrukturen bedinge, sie biete die Chance, die Lebenssituation neu und befriedigender zu organisieren. Es wird zwar eingeräumt, dass Scheidungskinder im späteren Leben unfähiger sind, stabile Ehen zu führen und belastbare Bindungen einzugehen, und somit die Scheidungsspirale stetig weiter wachsen lassen. Vom Schmerz des Kindes, seiner oft gut versteckten Trauer ist indes nicht die Rede. Warum nicht? Warum fällt es uns so schwer, einzuräumen, wie schmerzhaft und folgenschwer das allgemein anerkannte Selbstverwirklichungsgebaren heutiger Väter und Mütter für die Kinder ist? Wir alle zahlen für die Modernisierung einen hohen Preis. Das ist kein Grund, sie rückgängig zu machen. Dafür ist sie zu gelungen. Aber ohne Schutzräume, ohne geschützte Enklaven für die Jüngsten und Schwächsten ist sie nicht zu meistern, allenfalls zu erleiden.

Niemand ist vor der Modernisierung
seines Innenlebens sicher

Wer auf der breiten Straße der Modernisierung seinen Weg
geht, gehört nach kurzsichtiger Rechnung zu den Gewinnern.
Er ist flexibel, mobil, erfolgsorientiert, verankert im ökonomischen Denken, das ihn bis ins erotische und emotionale
Innenleben im Griff hat. Die Anpassung des Seelenlebens
an die Erfordernisse des Überlebens sind ein altes evolu-
tionäres Erbe, eine Fähigkeit, die uns allen, Männchen wie
Weibchen, von der Natur mitgegeben wurde. Es gibt nicht
den geringsten Grund anzunehmen, dass uns Frauen die
seelische Anpassungsleistung an den Arbeitsmarkt schlech-
ter glücken wird als den Männern. Wenn wir uns bisher der
Modernisierung gegenüber als seelisch resistenter erwiesen haben sollten als die Männer, liegt das nicht an unserer
biologischen Andersartigkeit oder sonst einem ominösen
Prinzip, sondern einzig daran, dass uns das alte Familien-
modell vor einem radikalen Zugriff der Modernisierung
geschützt hat.

Man kann es auch unfreundlicher formulieren: Wir
konnten noch länger netter und sozialverträglicher als die
Männer sein, weil wir länger ausgegrenzt und beruflich
benachteiligt waren. In der ersten und zweiten Generation
der Modernisierung waren es vor allem die Männer, die
sowohl die Rendite als auch die seelischen Folgekosten für
sich beanspruchen durften. Erst jetzt, in der zweiten und
dritten Nachkriegsgeneration, leben wir Frauen in großem
Maßstab ein Männerleben, sprich: ein ganz und gar nach
ökonomischen Prinzipien organisiertes Arbeitsleben. Und
nebenbei, in der Freizeit, ein Frauenleben nach urzeitlicher
Fasson.

Von der Allmacht über die Familie bleibt die Allmacht, die Familie zu zerstören

Eine wichtige Kernfrage des neuen und alten Feminismus ist bis heute unbeantwortet: Wollen die Frauen sein wie die Männer? Wünschen wir uns ihre Freiheiten? Oder wollen wir etwas Drittes? Ich habe mich das oft gefragt.

Die Antworten waren so und so. Natürlich wollen wir Frauen nicht sein wie die Männer, die Kinder zeugen und im Stich lassen können, wie es gerade beliebt. Eigentlich nicht, aber manchmal schon. Denn wer ist schon aus einem Stoff gemacht? Wer ist nur Mutter, nur Vater? Nur treusorgendes, selbstloses, hingebungsvolles Funktionsteil, ganz aus einem Guss. Das ist, bei aller Mutterliebe, noch nicht einmal eine Mutter. Und keine ist gegen einen heiligen Zorn gefeit, wenn sie den Buggy am frühen Morgen durch den Regen zum Kindergarten schiebt, während der Kindsvater mit seinem neuen Verhältnis gerade irgendwo im Trockenen Marmeladenbrötchen knuspert. Deswegen möchten wir noch lange nicht mit der Freiheit der Väter tauschen. Aber manchmal sieht es einfach so aus, als habe irgendeine höhere Macht den Männern scheinbar alle Freiheiten gegenüber ihren Kindern und den Frauen alle Lasten aufgebürdet.

Aber so ist es natürlich nicht. Wenn wir Frauen irgendjemandem die bedrückende Ungleichheit in der Kinderfrage zu verdanken haben, dann dem vorzeitlichen Männerbild, das im Wesentlichen aus dem Dreiklang der großen A besteht: Alphatier, Anführer, Alleinernährer. Eine ursprüngliche, bald nur noch soziale, zuletzt nur noch historisch-antiquierte Rolle, deren Vorteile viele Männer bis heute für sich reklamieren, deren Verpflichtungen sie aber immer weniger nachkommen. Es sieht ganz so aus, als hätte sich wenig verändert, nur die Vorzeichen sind nicht mehr dieselben. Die historische Allmacht über die Familie ist von der gegenwärtigen Allmacht zur Familienzerstörung abgelöst worden. Der männliche Verantwortungswahn von der männlichen Verantwortungslosigkeit. Ein Modell für die Zukunft wird man das nicht nennen können. Handelt es sich doch um nichts anderes als die emanzipierte Variante des alten Patriarchenmodells, das – um auf die Eingangsfrage zurückzukommen – inzwischen auch von Müttern zuweilen nachgeahmt wird. Eine paradoxe Situation, so paradox wie die Zeitenwende, an der wir in Sachen Familie im Augenblick stehen.

Wir müssen uns im Geschlechter-Chaos zurechtfinden

Jeder spürt das. Wir alle leben, vorsichtig uns vorantastend, auf unbekanntem Terrain. Das erklärt die Aufregung, die jeder Beitrag zur Familienfrage in allen Bevölkerungsschichten verursacht. Jeder Artikel zur Mutterrolle, zur Frage der weiblichen Berufstätigkeit und der Vereinbarkeit von Kind und Karriere lässt die Leserbriefspalten in den Zeitungen aus allen Nähten platzen. Noch nie habe ich so viele Reaktionen auf eine journalistische Arbeit erhalten wie auf meinen Artikel in der »Zeit« (»Der Preis des Glücks« in der Nummer 12 vom 16. März 2006), der einige Überlegungen dieses Buches in knapper Form vorwegnahm. Viele Frauen aus unterschiedlichsten Verhältnissen fühlten sich angesprochen und schilderten mir ihr Schicksal. Besonders eindringlich empfand ich die Erzählungen der Frauen, die just auf der Schwelle der von uns allen gespürten Zeitenwende ihre wichtigsten Familienjahre verbracht haben.

Ein mir sehr beispielhaft erscheinender Brief begann mit dem Satz: »Auch ich hatte einmal den Traum von einer heilen Familie.« Das war in der letzten Phase der guten alten Zeit, also Ende der siebziger, Anfang der achtziger Jahre des letzten Jahrhunderts. Der Lebenslauf, der in diesem Brief geschildert wird, kommt mir sehr bekannt vor: Nach der Ausbildung und einer kurzen Berufstätigkeit wurde geheiratet, drei Kinder kamen zur Welt, alles schien perfekt zu sein, Haus mit großem Grundstück, aufgeweckte Kinder, weibliche Erwerbstätigkeit war nicht notwendig, weil der Mann genug verdiente. Als die Kinder älter wurden, begann die Mutter, sich auf ein Studium vorzubereiten. In dieser Zeit ging ihre Ehe in die Brüche. Unterstützung aus ihrer großen Ursprungsfamilie erhielt die geschiedene Frau nicht. Die in jüngster Zeit vielfach verbreitete These, dass die Familie die erfolgreichste Formation in Krisenzeiten sei, erwies sich in diesem – wie in Millionen anderen Fällen auch – als eine bloße Schreibtisch-Behauptung. Obwohl die Briefschreiberin ihr Studium trotz aller Widrigkeiten abschloss und anschließend sogar promovierte, hat sie aufgrund ihres Alters und ihrer mangelnden Berufserfahrung nie einen ihrer Ausbildung angemessenen Beruf ausüben können. Ihr Fazit nach einem langen Familienleben: »Stünde ich heute noch einmal vor der Situation, mich zwischen einem idyllischen Familienleben und einer eigenen Erwerbstätigkeit entscheiden zu müssen, würde ich heute mit Sicherheit die Erwerbstätigkeit wählen.« Genau das haben wir, die Generation danach, in großem Stil getan, mit Folgen, auf die wir nicht gefasst waren und an die niemand dachte.

Eine wesentlich jüngere Frau, die in den 1980er Jahren ein Einser-Abitur gemacht und Pharmazie studiert hat, schreibt mir von ihrem gescheiterten Versuch, alles gleichzeitig zu verwirklichen. Als ihr Kind geboren wird, folgt sie ihrem Mann nach A., wo er eine Sechzigstundenstelle als Assistenzarzt versieht. Für die zwei Kinder, die die Familie bald hat, stellt die Stadt A. nur zwei Halbtagskindergartenplätze in zwei verschiedenen Einrichtungen zur Verfügung. Der Vormittag der Mutter vergeht über den Bring- und Abholdiensten. Der Nachmittag gehört der Kinderbetreuung. Als die Kinder in die Schule kommen, arbeitet die Mutter immerhin halbtags. Doch auch diese Stelle kündigt sie wieder, als ihr Mann als Oberarzt nach B. versetzt wird. Kurz vor dem Umzug teilt der Ehemann ihr jedoch mit, dass er lieber mit seiner Assistentin in das neue Heim wechseln möchte. Die Mutter bleibt allein mit den zwei Kindern in A. und geht ihrem erlernten Beruf auf Minijobbasis nach. Ihr Fazit: »Wäre ich heute zwanzig Jahre jünger, müsste ich doch verrückt sein, wenn ich als gut ausgebildete Frau für Kinder auch nur einen Tag aus meinem Berufsleben ausscheiden würde.« Man kann ihr nur Recht geben. Was soll eine Frau, die für ihren Alphamann und dessen Nachwuchs Beruf und Ausbildung zurückgestellt hat, nur tun, wenn er, was selbst in den besten Familien inzwischen gang und gäbe ist, von heute auf morgen seine Möbel bei den Kollegen unterstellt und sich noch einmal rundherum verjüngen möchte?

Das sind weibliche Schicksale, die unter den Bedingungen der modernen Lebenswelt einen nahezu ausweglosen Charakter angenommen haben. Selbst gut ausgebildete Frauen mit einiger Berufserfahrung sind davor nicht gefeit. Eine meiner Freundinnen ist Fachärztin, ihr Mann, mit dem sie drei Kinder hat, avancierte während der langjährigen Ehe zum Chefarzt. Wenige Tage nach der Geburt des dritten Kindes fand auch dieser Vater, dass es an der Zeit sei, sich nach einer neuen Frau umzusehen. Nach der Scheidung konnte meine Freundin als alleinerziehende Mutter dreier Kinder die Nachtdienste im Krankenhaus nicht mehr übernehmen und musste ihre Stelle kündigen. Jahrelang schlug sie sich als Praxisvertretung durch, bis sie schließlich arbeitslos wurde, während ihr geschiedener Mann immer weiter aufstieg.

Das Fazit? Beim Heiraten besser aufpassen? Kein Risiko mehr eingehen und höchstens ein Kind einplanen, das bekommt man immer irgendwie hin? Die Kinder am besten gleich allein aufziehen, da weiß man, worauf man sich einlässt? Als Mutter keinen Zentimeter in der Berufsausübung zurückstecken, um allem vorzubeugen? Oder umgekehrt, als Mutter sicherheitshalber auf jede engagierte Berufsausübung verzichten, um dem Mann keine Ungelegenheiten zu bereiten, die schließlich zu einer Trennung führen könnten? Erwägen kann man das alles. Aber wirklich gelöst haben wir damit nichts. Das Fazit heißt nämlich, dass es kein Fazit gibt. Auch wenn es uns nicht gefällt: Ein einfaches Rezept, hier wieder Ordnung zu schaffen, gibt es nicht, wenn man sich nicht dümmer stellen will, als man ist. Wir leben im Geschlechter-Chaos. Wir müssen uns im Chaos zurechtfinden.

Die neuen Väter sind ganz anders

In diesem Buch ist viel, für manche vielleicht ungebührlich viel von den Timbuktu-Vätern die Rede. Von Männern, die ihre Verantwortung für die Familie nicht mehr kennen wollen, die ihr eigenes Weh und Ach über das ihrer Kinder stellen. Zwei Drittel aller Väter lassen ihre Frauen und Kinder jedoch bisher noch nicht im Stich, und viele zeigen sich verantwortungsbewusst nicht nur in ihrer Vollzeitstelle, sondern am frühen Abend auch am Wickeltisch und vor der Spülmaschine. Mit stolzer Resignation schildert mir ein Vater, wie er nach der Geburt des ersten Kindes seine bereits bis aufs Kleinste geplante Flucht nach Timbuktu abgesagt und sich mit einem Leben als Familienvater in einer deutschen Kleinstadt begnügt hat. Nach Ankunft von zwei weiteren Kindern stand »Timbuktu«, so schreibt er, »nie wieder zur Diskussion«. Zu Recht möchte dieser Familienvater von einem »Graben, der zwischen den Ehepartnern verläuft«, nichts hören.

Ein anderer Vater versichert mir sehr anschaulich, dass heutzutage, wie er meint, »neunzig Prozent aller Väter« sich bestens auskennen in »Bullerbü« und bei »Kater Findus«. Zu jeder Tages- und Nachtzeit, glaubt er, wären diese neunzig Prozent in der Lage, die Öffnungszeiten des Schwimmbads und die Namen der acht besten Freundinnen ihrer Töchter aufzusagen. Sie wüssten ganz genau, welche Käsesorte zehnjährigen Mädchen auf dem Pausenbrot gerade noch erträglich ist, bei wie viel Grad man das neue »Madagascar«-T-Shirt waschen muss, ohne es zu verfärben, und welche Frisur der Sänger von »Tokio Hotel« neuerdings trägt. Dies alles und die wichtigsten Blockflötengriffe sowieso beherrschten die heutigen Väter nach Auskunft dieses überaus sympathischen Vaters angeblich aus dem Effeff, obwohl solche Bildungsfrüchte gemeinhin wirklich nicht zum Weltwissen der Vierzigjährigen gehören.

Wenn das wahr wäre, wäre eigentlich alles gut. Oder doch bald gut, in jener – wie solche Briefe suggerieren – offenbar unmittelbar bevorstehenden Epoche, in der die Welt voll mit solchen Vätern ist.

Die Emanzipation der Männer ist
eine Erfolgsgeschichte

Natürlich gibt es diese neuen Väter. Wir alle sehen sie auf den
Spielplätzen der Großstädte – am Wochenende. Es stimmt:
Sie alle kennen die zweite Strophe von »Der Mond ist aufge-
gangen«, sie beteiligen sich morgens bei der täglichen Suche
nach dem zweiten, passenden Socken, sie wissen, wann das
Kind Reitstunde hat und erinnern die Mutter daran, dass
sie für den Waldtag im Kindergarten mehr Kekse als üblich
in die Brotdose packen soll. »Die Männer, die ich kenne«,
schreibt ein anderer junger Vater, der mir meinen Pessi-
mismus austreiben will, »sind entweder komplett mit ihrer
Familie beschäftigt, oder sie sind damit beschäftigt darüber
hinwegzukommen, dass sie ihre Kinder nur noch alle vier-
zehn Tage an den Wochenenden sehen dürfen.« Zum Glück
gibt es diese Väter. Ich kenne auch welche. Meinen Bruder
beispielsweise. Er hat eine Anwaltspraxis und eine Menge
Arbeit. Abends näht er für seine beiden Töchter Faschings-
kostüme, ohne dabei seine Männlichkeit im Nähkörbchen
abgegeben zu haben. Vor einundzwanzig Uhr kann man ihn
auch nicht anrufen, denn da bringt er seine Töchter ins Bett.
Und am Wochenende baut er einen Stall für die Zwergziegen,
die er ihnen geschenkt hat.

Die »neue Väterlichkeit« ist beileibe keine neue Erfindung.
Bücher dieses Titels sind bereits vor einem Vierteljahrhundert erschienen und liegen heute in jeder Grabbelkiste auf
dem Flohmarkt. Man findet darin Sätze wie: »Das Patriarchat lebt noch, aber die Selbstverständlichkeit der Väterlichkeit, gar der Stolz, Oberhaupt zu sein, sind vergangen oder
brechen in den Resten weg. Der Vater wurde zum Problem.«

Die neue Väterlichkeit sollte das Problem lösen. Sie schien die Antwort auf das Familien-Paradox zu enthalten, in das wir uns nach Auflösung der traditionellen Familie verstrickt haben. Neue Väterlichkeit und neue Mütterlichkeit zusammen sollten die neue Familie ergeben, eine Reformfamilie im nach-patriarchalischen Zeitalter.

Die Energien, die in das Projekt neue Väterlichkeit investiert worden sind, haben sich ausgezahlt. In allerkürzester Zeit hat sich eine große Anzahl Väter von scheinbar unverrückbaren Positionen verabschiedet. Wenn auch gelegentlich noch zähneknirschend, sind sie doch in immer größerer Zahl auf den Spielplätzen erschienen und haben stundenlang an der Schaukel ausgeharrt und Schwung gegeben. Sie haben begonnen, abends vorzulesen, kennen von »Conny im Kindergarten« bis zur »Prinzessin Lillifee« so ziemlich alles, was ein vierjähriges Herz vorm Einschlafen noch bewegt, und schrecken selbst vor dem laut gellenden Schlachtruf aus dem Badezimmer: »Papa, abwischen!«, nicht im Geringsten zurück.

Mancher der neuen Väter mag sich nur zögernd in diese ehemals mütterlichen Stammgebiete vorgewagt haben. Mancher auch ein wenig widerwillig, etwa so, als müsse er nun persönlich für einige tausend Jahre Männerherrschaft Buße tun. Alles in allem jedoch ist die »Emanzipation« des Mannes von alten ausgedienten Rollen eine Erfolgsgeschichte. Väter in nicht-traditionellen Familien bieten ihren Kindern ein viel breiteres Verhaltensspektrum. Die Verfügbarkeit von Vater und Mutter ermöglicht den Kindern eine ungleich größere Auswahl an Interaktionen, Kindern mit starken Bindungen an beide Elternteile wird allgemein eine größere Leistungsfähigkeit, Ausgeglichenheit und Selbständigkeit attestiert. Wohingegen Kinder, die ihren Vater früh verlieren,

Nachteile erleiden, da sie die Folgen dieses Verlustes jahrelang, manchmal ein Leben lang verarbeiten müssen.

Auch die Männer selbst haben die Eroberung der weiblichen Provinzen häufig als Bereicherung und nicht etwa als Verlust ihrer Männlichkeit erlebt. Zärtlichkeit, körperliche Nähe zu den Kindern, das Spielen und Albern sind nach allem, was wir bisher wissen, allgemein menschliche, nicht genuin weibliche oder kindliche Regungen, von denen der Patriarch nur in selbst verschuldeter Isolation abgeschnitten war. Dennoch bedeutet das Öffnen und Zerstören alter Rollenmodelle auch tiefe Verunsicherung. Dazu gehört nicht nur das Weihnachtsfest, das sich wie Rumpelstilzchen in der Luft zerfetzt, weil das frischgebackene, hochgebildete Elternpaar sich über die Zuständigkeiten für schmutzige Pfannen und Töpfe wieder einmal nicht einigen kann. Das Abwaschproblem gehört durchaus noch zu den einfacheren Übungen der modernen »Verhandlungsfamilie«, wie der Soziologe Ulrich Beck die offene Reformfamilie getauft hat. Schwieriger sind Reifenwechsel, die Zuständigkeit für wild gewordene Kühe bei der Bergwanderung, das Errichten von Schafzäunen, die Montage von Badezimmerlampen, die Wiederanbringung abgerissener Schubladengriffe, um nur einige in unserer Familie auftauchende schwarze Löcher aus dem Niemandsland geschlechtsspezifischer Erledigungsautomatik zu nennen. Alles Nickeligkeiten, nicht weiter der Rede wert. Aber doch bedeutsam. Warum soll der Familienvater die Familie vor den Zudringlichkeiten einer Kuh beschützen, wo er doch schon das Kind gewickelt und das Frühstück zubereitet hat? Warum greift die Mutter nicht zum wehrhaften Wanderstock? Wer hat festgelegt, dass Mütter keine Schafzäune errichten können, wo doch schon die Backkünste des Vaters bedeutender einzuschätzen sind als die der Mutter? Warum macht die Mutter sich nicht mit den Geheimnissen des Wechselstroms vertraut, wo doch der Vater dem Töchterchen gerade Heine-Gedichte zum Vortrag bringt? Und wie kommt es eigentlich, dass zum Holzhacken und Gartenumgraben ohnehin nur noch die polnischen Schwarzarbeiter geeignet sind? Womit ich sagen will: Wer macht eigentlich was, wenn doch alle für alles in der Familie zuständig sind?

Die Beispiele mögen sich pittoresk anhören, ein wenig nach karnevaleskem Rollentausch und heiterer Familiensoap mit fremdländischen Gastauftritten in den Nebenrollen. Was dahintersteckt, ist aber das Problem der vollkommen neu zu schreibenden Geschlechterrollen, das schmerzlich fehlende Drehbuch für eine bereits täglich stattfindende Aufführung: den ganz normalen Alltag einer Familie im 21. Jahrhundert.

Noch vor einer Generation war es keine Schande, wenn ein Vater sein Kind an keinem einzigen Abend einer langen Kindheit ins Bett gebracht hat. Ich kann mich an ein derartiges väterliches Zubettgebrachtwerden nicht erinnern. Mein Vater hat nie einen Elternabend besucht und nie ein Geburtstagsgeschenk für uns Kinder ausgesucht. Er hat uns nie einen Pfannkuchen gebacken, nie ein Lied vorgesungen und kein Buch vorgelesen. Er fehlte auf den Zuschauerbänken bei unseren Theateraufführungen und in der Kirche beim Krippenspiel. Das alles ist kein Wunder, denn er war ja nie da. Er hat gearbeitet. Und wenn er von der Arbeit nach Hause kam, war er zu müde, um sich mit dem »Doppelten Lottchen« oder dem »Kleinen Wassermann« aufzuheitern. Alles in allem habe ich in meiner Kindheit mehr Zeit mit unserem Schwarzweißfernseher verbracht als mit meinem Vater. Das alles ist nur vierzig Jahre her.

Den neuen Vätern würde das nicht passieren. Sie sind es leid, den familiären Himmel nach Zuständigkeitskästchen abzuzirkeln. Ein Vater aus W. schrieb mir in nachzuempfindender Empörung: »Nicht wenige Männer haben die stereotype Rolle vom Mann im Hamsterrad ziemlich satt, der sich nur dann verwirklicht nennen kann, wenn möglichst viele Streifen auf der Schulterklappe glänzen. Die Einsichten in der Midlife-Crisis kommen leider etwas spät. Die Kinder sind dann meistens keine Kinder mehr.«

Wie aber sieht der Alltag der neuen, der wickelnden, kochenden, backenden, spielenden, schmusenden Allzweck-Väter aus? Ich habe einige meiner jedem Machismo unverdächtigen jüngeren Kollegen gefragt. Kaum einer kommt so zeitig nach Hause, dass er seine Kleinkinder noch ins Bett bringen, geschweige denn mit ihnen spielen, schmusen, backen, kochen könnte. Das Fazit dieser zugegeben unrepräsentativen Befragung: Die neue Väterlichkeit ist einzig eine Frage der inneren Einstellung, nicht des äußeren Lebens. Die jungen Väter sind in der Regel durchaus dazu bereit, ihre Kinder zu versorgen, zu verwöhnen, zu beschmusen, mit einem neuen, aber dringend einzuführenden Wort: zu bevatern, aber sie haben kaum Gelegenheit dazu.

Sehr gut erinnere ich mich an ein junges Nachbarpaar in der Hamburger Vorstadt. Sehr lässige, trendige Leute, weiche Rollenkontur, großes Auto, erstes eigenes Häuschen, geschmückt mit Designerlampen und neuester Grafik. Der junge Mann verdiente sein Geld in einer Werbeagentur, wir haben ihn sonntags ab und zu mal im Garten gesehen. Wann er eigentlich das zweite Kind gezeugt hat, ist uns ein ziemliches Rätsel gewesen. Wie in allen Jahrhunderten zuvor zog die hippe junge Frau, die ihrer Ausstattung nach eigentlich auch gut nach Paris oder New York gepasst hätte, tagein, tagaus mit dem Kinderwagen an den mit der Rasierklinge gepflegten Vorgärten entlang allein gen »Edeka« und wieder zurück. Die Verpackung hat sich geändert, unter den schicken Klamotten ist alles gleich geblieben, jedenfalls in der Hamburger Vorstadt.

Aus den neuen Vätern werden schnell wieder die alten

Muss das so sein? Müssen die neuen Väter eigentlich wieder die alten sein? Ist denn keiner da, der ihr Hamsterrad anhält und sie bittet, für eine Weile auszusteigen? Und sind es wir Frauen, die von ihnen diese Hamsterradlauferei im Stillen doch erwarten? Ein vom neuen Geschlechter-Chaos offenbar zutiefst verstörter Mann aus Hamburg schrieb mir in einem langen, sehr persönlichen Brief: »Wenn Ihr lieben, klugen und wunderschönen Frauen einfach nur etwas runterkommen würdet, Eure Principessa-Kostümchen an den Nagel hängt und uns vielleicht doch irgendwie gebrauchen könnt, auch wenn wir die Kohle nicht unbedingt in Schubkarren nach Hause fahren, dann werden aus den ewigen Jungs auch echte Männer. Versprochen.«

Sollen wir das glauben? Müssen nur die Frauen sich ändern, um neue Männer zu bekommen? Sind am Ende wieder einmal nur wir an allem schuld? Die Erfahrungen widerlegen diese Versprechungen. Die meisten jungen Väter sind bisher nicht bereit, sich zugunsten ihrer Kinder einzuschränken. Zwar behaupten 82 Prozent der Väter, dass sie gerne mehr Zeit für ihre Kinder hätten. Aber das sind nur Worte. Kaum einer der jungen, aufgeschlossenen Väter sagt eine wichtige Dienstreise, eine Tagung, eine Premiere ab, weil er ein Neugeborenes zu Hause hat. Nur anderthalb Prozent der Väter bescheiden sich aus familiären Gründen mit einer Teilzeitstelle, während genau dies über fünfzig Prozent der Mütter tun. Auch die Erkenntnisse aus den Sorgerechtsprozessen lassen wenig Hoffnung aufkommen, dass Männer bereit wären, für Kinder beruflich zurückzustecken. Die wenigsten Väter, die nach der Scheidung um das Sorgerecht kämpfen, wären bereit, ihre Arbeitszeit für die Kinder zu reduzieren. Einer alleinerziehenden Mutter bleibt in der Regel gar nichts anderes übrig.

Ein trauriges Kapitel ist auch das sich anschließende Verhalten ebendieser Scheidungsväter. Von den wenigen spektakulär um ihre Rechte kämpfenden Propagandisten abgesehen, zeigen geschiedene Väter im Durchschnitt wenig Interesse an ihren Kindern. Nur sechzig Prozent aller Scheidungskinder haben überhaupt Kontakt zu ihrem Vater, nur bei einem Drittel dieser Kinder ist die Beziehung eng und herzlich. Bei den übrigen beschränken sich die Kontakte auf wenige Treffen im Jahr. Vierzig Prozent aller geschiedenen Väter brechen schließlich jegliche Beziehungen zu ihren Kindern ab. Mein Großvater, der besagte publizistische Familienpropagandist, hat zugesehen, wie seine sechs Kinder aus erster Ehe in Pflegefamilien abgeschoben wurden. Das mag eine alte, längst überwundene Geschichte von väterlicher Grausamkeit und Doppelmoral sein. Doch die meisten der heute amtierenden Familienpropagandisten und Verkünder familiärer Überlebenskraft sollte man noch immer nicht danach fragen, wer ihre Kinder großzieht.

Der Vater ist zur tragikomischen Figur geworden

Die Väter sind verunsichert, wie sie es noch nie gewesen sind. Die Feinfühligkeit, mit der der Schriftsteller Peter Handke in seinem Roman »Kindergeschichte« aus dem Jahr 1981 die Geschichte seiner Vaterschaft, seiner Verzweiflung und Glückseligkeit in der Verantwortung für seine kleine Tochter beschrieben hat, war bis weit ins 20. Jahrhundert hinein undenkbar. Sein Traum von einer »wortlosen Gemeinschaftlichkeit« mit seinem Kind, von »kurzen Blickwechseln, einem Sich-dazu-Hocken«, von »Nähe und Weite in glücklicher Einheit« erzählt nicht nur von der Empfindsamkeit einer Künstlerseele, sondern auch vom Erwachen eines ganz und gar neuartigen innigen Gefühls der Väterlichkeit.

Und damit ist der Familienvater zu einer tragikomischen Figur geworden. Seine neue väterliche Empfindsamkeit sucht verzweifelt nach neuen gesellschaftlichen Ausdrucksformen, die sich nirgends finden. Was soll er machen? Zu Hause bei den Kindern bleiben, wie der empfindsame Vater Peter Handke es getan hat? Eine Teilzeitstelle annehmen, um seiner neu erwachten Väterlichkeit zumindest ein wenig nachgehen zu können? Oder die Familie wie eh und je allein ernähren und die Kinder der Mutter überlassen? Die erste Variante ist ein bloßer Rollentausch, mit allen Nachteilen, die das Hausmannsleben bereithält. Die zweite Variante stellt ihn vor dieselben Schwierigkeiten, vor denen auch die Mutter der Kinder steht: Welche verantwortungsvolle Arbeit lässt sich schon am frühen Nachmittag aus der Hand legen? Aber auch die dritte, altbewährte Variante erweist sich zunehmend als unmöglich. Selbst wenn er es wollte, wird es dem empfindsamen Vater angesichts der spätkapitalistischen Lebenshaltungskosten kaum noch gelingen, seine Familie allein zu ernähren. Um eine vier- oder fünfköpfige Familie in einer deutschen Großstadt allein durchzubringen, zu logieren und den allgemein üblichen Ansprüchen gemäß auszustatten und auszubilden, muss man inzwischen zu den Spitzenverdienern oder zur Erbengeneration der Gesellschaft gehören. Die Eva, die sich so einen Zahl-Adam wünscht, um sich ganz ihrem Einzelkind widmen zu können, wird sich nur noch im allerobersten Goldknopfsegment der männlichen Leistungsgesellschaft nach passenden Financiers umsehen können. Alle anderen Väter sind auf das Einkommen der Mutter durchaus angewiesen. Auch in dieser Hinsicht haben sich die Männer zu Tode gesiegt.

7. Kapitel
Die Frau als Mutter und das Märchen von der Vereinbarkeit

Die Emanzipation der Frau verdanken wir weder Alice Schwarzer noch Simone de Beauvoir allein. Beide mögen in weiten Kreisen der gebildeten Welt eifrig gelesen worden sein, und so manche Lesefrucht wird ihre begrüßenswerte Wirkung gehabt haben. Die entscheidende Wende zur beruflichen und schulischen Gleichstellung wurde aber nicht auf dem Buchmarkt oder durch die »Emma«-Redaktion, sondern von der technischen und industriellen Revolution unserer Lebensverhältnisse erzwungen. Es war nicht »Der kleine Unterschied und seine großen Folgen«, und es war auch nicht Simone de Beauvoirs Grundlagenwerk »Das andere Geschlecht«, das die Geschlechterrollen so dramatisch verändert und aufeinander zu bewegt hat, wie dies in den letzten Jahrzehnten geschehen ist. Es sind die Arbeits- und Ausbildungssysteme und der medizinische Fortschritt, die vollbracht haben, was Jahrtausende undenkbar schien: eine weitgehende Angleichung des männlichen und weiblichen Alltags.

Unglaubliches wurde da in unglaublich kurzer Zeit erreicht. Frauen, die genetisch angeblich für nichts anderes programmiert waren als zum Beerensammeln, Kochen, Nähen, Kinderaufziehen und zur Krankenpflege, erlernten in einer einzigen Generation, wie man Flugzeuge fliegt, Unternehmen leitet, Lungenflügel operiert, Industriestaaten regiert und ähnliche Kleinigkeiten. Natürlich sind längst nicht alle und längst nicht genug Frauen in diesen revolutionären Umwälzungsprozess einbezogen, und die junge

Mutter in der Vorstadt, deren primärer Außenweltkontakt der tägliche Besuch bei »Edeka« darstellt, ist vom Posten im Bundeskanzleramt noch weit entfernt. Der große Unterschied zur Vorzeit besteht aber darin, dass aus der fleißigen »Edeka«-Besucherin der Möglichkeit nach bald schon eine Designerin, eine Busfahrerin oder Unternehmensberaterin werden kann. Es grenzt an ein Wunder, über das wir nur deswegen viel zu wenig staunen, weil es in kürzester Zeit zur Selbstverständlichkeit geworden ist.

Den Frauen haben diese Anpassungsprozesse an die sich in schwindelerregendem Tempo vollziehende Modernisierung erstaunlich wenige Schwierigkeiten bereitet. Schon heute sind junge Frauen häufig besser ausgebildet als Männer, und dass sich dieser Umstand noch nicht bis in die Führungspositionen der Gesellschaft hinein abbildet, muss uns nicht allzu sehr bekümmern. Denn da sich Modernisierungsprozesse in Friedenszeiten nicht umkehren oder anhalten lassen, ist es nur eine Frage der Zeit, dass Männer und Frauen in allen Bereichen gleichberechtigt am Arbeitsleben teilnehmen werden. Schon in ein bis zwei Generationen wird es nicht mehr denkbar sein, dass junge Frauen ihre langwierige und hochspezialisierte Ausbildung ungenutzt veralten lassen. Das Zeitalter der Frauen hat unaufhaltsam begonnen.

Die zukunftstaugliche Familie muss die Sackgasse der Vereinsamung und Idealisierung verlassen

In dieser nervenaufreibenden Zwischenzeit, die einen Wendepunkt in der Geschichte der Frauen darstellt, melden sich die hier schon oft zitierten, scheinheilig besorgten Stimmen, die auf eine Re-Definition der Geschlechterrollen drängen. Aus den Ergebnissen der Hirnforschung, die unterschiedliche Ausprägungen männlicher und weiblicher Gehirnregionen festgestellt hat, sollen beispielsweise Schlüsse für eine ideale soziale Aufgabenverteilung gezogen werden. Wie soll das möglich sein? Sollte man etwa die amtierende Bundeskanzlerin aus gehirnphysiologischen Gründen zur Krankenpflegerin oder Tagesmutter umschulen? Auch hier gilt, was über den neuen alten Biologismus bereits gesagt wurde: Er verwechselt biologisches und soziales Leben, er ist reaktionär, rückwärtsgewandt und ohne jede Grundlage.

Dennoch finden biologistische Familienideologen im Augenblick überall Gehör. Das ist verständlich. Wir alle erleben die rasante Auflösung der vertrauten Strukturen des Zusammenlebens, wir vermissen die alten Sicherheiten und nicht hinterfragbaren Organisationsformen der Familie, für die wir keinen überzeugenden Ersatz finden.

Jeder, der in dieser komplizierten Lage einfachen Rat zu bieten hat, findet Gehör. Jeder Versuch, in der Unordnung des Familienlebens wieder Übersicht und Ordnung zu schaffen, wirkt auf den ersten Blick hilfreich und entlastend. Wie erholsam wäre es für den verunsicherten Familienexperimentator, wenn es wirklich eine feste Größe gäbe, auf die er sich verlassen könnte.

Die Geschichte der Moderne ist voll mit derartigen Utopien. Zur Moderne gehört seit je die Gegenmoderne, in allen möglichen alternativen und konservativen Schattierungen. Die Gegenmoderne ist manchmal ein wichtiges Korrektiv. Sie erinnert uns daran, dass wir manche überteuerte Ware der Modernisierung lieber im Regal stehen lassen und stattdessen beispielsweise auf bewährte Hausmannskost zurückgreifen könnten. Daran ist meistens etwas Richtiges. Denn niemand bestreitet, dass die Kosten der Modernisierung überaus hoch sind, trotz aller Segnungen, die wir ihr verdanken. Dennoch ist es in der langen Geschichte gegenmoderner Bestrebungen noch nie gelungen, das Rad des Fortschritts wirklich aufzuhalten. Eine solche Macht mögen Kriege, Seuchen, Katastrophen und Gewaltherrschaft ausüben. Eine lediglich punktuelle Restauration in der eigenen Küche und im eigenen Kinderzimmer wird sich nicht verwirklichen lassen, solange alle anderen Koordinaten gleich bleiben. Wer in der Intimität von Ehe und Familie jene »heile Welt« retten will, die er ansonsten überall vermisst und zu deren Zerstörung er vermutlich selber beiträgt, benötigt ein großes Talent zur Lebenslüge.

Wie sollen wir uns solche heilen Welten denn auch vorstellen? Das Hausmütterchen sorgt sich um die Herstellung von Schokoladenkuchen und Kinderglück, und der Hausvater verzieht sich in seine Jagdgründe auf Vorstandssitzungen und internationalen Konferenzen? Mutti gestaltet schöne Kindernachmittage mit Waffeln und Sackhüpfen in Oberursel, und Papi überlegt zehn Stunden täglich in der vollklimatisierten siebenundzwanzigsten Etage eines Glaspalastes in Frankfurt, wie er die neunundvierzigste Variante eines Geschirrspülmittels auf den Markt quetschen könnte? Mami verzieht sich mit den Kleinen ins Eigenheim im Grünen, damit die Engelchen Platz zum Spielen und gesunde Luft zum Atmen haben, und Papi bezahlt die Raten, indem er tapfer versucht, den Großstadtkunden geländetaugliche Drittwagen mit Vierradantrieb für den Wochenendausflug schmackhaft zu machen? Oder Mama residiert mit den Töchtern und den bezaubernden Ponys friedlich im Häuschen am See im schönen Schleswig-Holstein, und Papa geht die ganze Woche über auf Menschenjagd in seiner Chefetage bei der Berliner Boulevardpresse, in der Frauen selten mit Ponys an Seen, aber täglich halbnackt in den würdelosesten Positionen zu sehen sind? Die Beispiele mögen drastisch sein, aber auch in weniger zugespitzten Fällen gilt: Es gibt keine naturwüchsigen Idyllen in vollentwickelten Industrienationen, und die scheinbar ökonomiefreien Räume der holden Weiblichkeit sind alles andere als bukolische Nischen des Wahren, Guten und biologisch Sinnvollen.

Frauen, die sich ausschließlich in solchen Nischen aufhalten, haben die Aura von Ausstellungsstücken. Sie entfalten sich in einem künstlich von den Lebensbedingungen der Außenwelt abgeschlossenen Territorium. Das mag anders gewesen sein, als die Arbeitsstätte des Mannes noch halb oder ganz in den Familienalltag hineinragte, weil der Laden, die Praxis, die Kirche, die Werkstatt, der Stall, die Schule gleich neben dem Küchentisch zu finden waren. Heute, wo die Väter weit und sehr lange, häufig sogar in einer anderen Stadt und in jedem Fall in virtuellen Geschäftswelten unterwegs sind, bekommt die Heimat der zurückgelassenen Frauen und Kinder den Charakter einer Isolierstation. Kein Wunder, dass Frauen und Männer, deren Lebenswelten in den traditionellen Familien noch nie so weit auseinanderlagen wie heute, immer unrealistischere Vorstellungen voneinander entwickeln und sich mit märchenhaften Bildern einer idealen Männlichkeit oder Weiblichkeit für ihre Einsamkeit entschädigen. Eine zukunftstaugliche Familie wird diese Sackgasse der Vereinsamung und Idealisierung verlassen müssen. Es wird uns nicht weiterführen, Traumbilder von einer ursprünglichen Geschlechtlichkeit zu entwerfen und vormoderne Familienqualitäten in den Rang von Naturgesetzen zu erheben. Eine Familie, der es nicht gelingt, die Geschlechterrollen neu zu entwerfen und die Lebenswelten der Mütter und Väter aufeinander zu beziehen und einander anzunähern, hat wenig Überlebenschancen. Das Vorstadt-Paradies des jagenden Adam und der staubsaugenden Eva ist bald für immer geschlossen.

Die Techno-Entbindung ist ein Relikt aus dem Zeitalter der Patriarchen

Wie wird man eigentlich Mutter? Über die Umstände der Zeugung sind wir hinlänglich im Bilde. Die Geburt hingegen ist uns, sofern man noch kein Kind bekommen hat, ein großes Rätsel. In der Regel wird sie von der üblichen Apparate-Medizin wie eine Krankheit behandelt. Wer das erste Mal den Kreißsaal eines deutschen Krankenhauses betritt, wird von dem Gefühl überfallen, in eine weiß gekachelte Fleischerei oder in ein Versuchslabor geraten zu sein. Die Wellness-Nation, die für jedes Geschäftsdinner die passende Serviettenfarbe kennt und jedem Landhausbesitzer noch die korrekte provenzalische Badezimmerkachel empfiehlt, lässt ihre Kinder in todeszellenartigen, häufig fensterlosen, neonlichtbeschienenen Hygiene-Kerkern und auf engen, hochgebauten, einzig nach den Erfordernissen der technischen Überwachung konstruierten Bahren zur Welt kommen. Obwohl über die psychischen und physischen Anteile einer problemlosen Geburt inzwischen alles Nötige bekannt ist, behandelt die Schulmedizin eine gebärende Frau bis heute wie ein defektes Autoteil, das man sich ordentlich auf dem Reparaturtisch zurechtlegt und der man viel zu schnell mit Zangen und Saugpumpen zu Leibe rückt. Wer unter diesen Umständen schlapp macht, dem wird mit Narkoseflasche und Schere weitergeholfen.

Der seelische Schaden, den diese Geburtsindustrie bei Frauen und Kindern anrichtet, schlägt sich in keiner Krankenhausbilanz nieder und wird deswegen kaum ins Kalkül genommen. Zangengeburt, Kaiserschnitt, Stillschwierigkeiten, das sind alles scheinbar zu beherrschende, ihrerseits reparierbare Nebenwirkungen einer siegreichen technischen Revolution. Natürlich gibt es rühmenswerte Ausnahmen, Geburtshäuser, Ärzte und Hebammen, die versuchen, das menschliche Maß des Gebärens wiederzufinden. Dennoch ist die bis heute allgemein übliche Techno-Entbindung noch immer ein furchteinflößendes und überflüssiges Relikt aus dem Zeitalter der Patriarchen.

Es gibt keine natürliche Mütterlichkeit

Anders, als in den Märchen von der natürlichen Mütterlichkeit der Frau behauptet wird, ist eine junge Mutter selten sofort eine glückliche Mutter. Im Gegenteil. Viele junge Frauen berichten davon, dass ihnen ihr erstes Kind zunächst ganz fremd bleibt, dass sie sich durch den Schock der Geburtserfahrung betäubt fühlen und der in modernen Frauenbiografien ungewohnten Begegnung mit einem Neugeborenen nicht gewachsen zeigen. Das Kind könnte zunächst irgendein Kind sein, das einem willkürlich zugeteilt wurde, erst langsam wächst eine Bindung, die das Kind unverwechselbar und zum eigenen Kind werden lässt. Väter, die dieser Bindungsarbeit ausweichen oder sie in ihre Sechzigstundenwoche nicht integrieren können, fehlt sie manchmal ein Leben lang.

Eine Freundin, die später eine wunderbare Mutter von zwei Söhnen wurde, gab ihr erstes Kind nach einer Woche im Krankenhaus wieder ab. Sie fühlte sich restlos überfordert. Auch mir ist es ähnlich ergangen. Bereitwillig hörte ich noch auf die dümmsten Ratschläge, fütterte das Kind nur nach festgesetzten Zeiten, versuchte, es nicht durch ständiges Herumtragen zu verwöhnen, und befolgte jeden Ordnung-muss-sein-Unsinn, den man mir erzählte. All das war nur möglich, weil mir, wie den meisten Frauen in meiner Generation, jede eigene Erfahrung im Umgang mit Babys fehlte.

Die Feinfühligkeit gegenüber ihrem Neugeborenen ist noch keiner Mutter in die Wiege gelegt worden, sie ist in den jeweiligen Gesellschaften verschieden kulturell überformt. In modernen Industriegesellschaften hängt die Fähigkeit der Mutter, empfindsam auf die Bedürfnisse ihres Kindes zu reagieren, von verschiedenen Faktoren ab: von der Qualität ihrer Beziehung zum Vater des Kindes, von der Unterstützung, die sie von anderen, vor allem von anderen Frauen und Familienmitgliedern erhält, von ihrer eigenen seelischen Verfassung, von den Bindungserfahrungen, die sie selbst in ihrer Kindheit gemacht hat, von den Hoffnungen, die sie in das Kind gesetzt hat, von den allgemeinen Ansichten über eine kindgerechte Erziehung und natürlich auch von der Menge an Zeit, in der sie mit ihrem Kind überhaupt gemeinsame Erfahrungen machen kann. Mit anderen Worten: Mütterlichkeit ist genauso wie Väterlichkeit keine selbstverständliche, sondern eine erst zu entwickelnde, vielen Irritationen und Behinderungen ausgelieferte Eigenschaft. Ein Kind bekommt man schnell, mütterliche Bindungen entstehen langsam. Ich habe einige kostbare Jahre dazu gebraucht.

Was ein Kleinkind wirklich braucht,
weiß niemand genau

Was eine gute Mutter ist, weiß ich bis heute nicht. Ist eine gute Mutter eine, die immer für ihre Kinder da ist, die ihr Leben auf diese »Sach gestellt hat«, die ihre Zeit im maximalen Ausmaß in den Dienst ihrer Kinder stellt?

Die Bindungstheorie legt dies zumindest für die Kleinkindphase nahe. Kinder, die schon ihre ersten Monate die meiste Zeit des Tages von ihren Eltern getrennt verbringen, gelten in der Bindungsforschung als »desorganisiert« und bindungsschwach. Ihnen fehlen in ihrer weiteren Entwicklung seelische Sicherheit, Selbst- und Weltvertrauen. Sie können sich im späteren Leben nicht fürsorglich an andere binden und für andere Verantwortung übernehmen, weil sie selber nie eine befriedigende Erfahrung von Bindung und Fürsorge gemacht haben. Bindungsschwache Kinder werden auch als Erwachsene noch immer die vermisste Fürsorge anderer einklagen, statt Fürsorge zu gewähren. Sie können sich von frühkindlicher Bedürftigkeit nie ganz emanzipieren und sich aus einer kindlichen Unreife nicht befreien. Stattdessen werden sie noch im Erwachsenenalter unablässig nach Bestätigung suchen und diese einklagen. Sie werden zu infantilen Erwachsenen, die sich zum Geburtstag noch immer die Geschenkeberge wünschen, die sie als Kind entbehrt haben, und jede Grippe zum drohenden Erschöpfungstod ausbauen, um endlich die vermisste mütterliche Pflege und Fürsorge von den Mitmenschen zu erpressen, die ihnen ihre Mutter nicht gewährt hat.

Heißt das im Umkehrschluss, dass man seinen Nachwuchs, um narzisstische Persönlichkeitsstörungen zu vermeiden und einen möglichst ungestörten Ablauf der frühkindlichen

»symbiotischen« Entwicklungsphase sicherzustellen, möglichst umfassend und von keinerlei Berufstätigkeit getrübt von morgens bis abends selbst versorgen muss? Auf diese Frage kann eine Mutter von der Wissenschaft im Augenblick jede beliebige Antwort erhalten. Jede Frau sucht sich die aus, die auf ihre Lebenssituation zugeschnitten ist. Eine siebenfache Mutter und Anwältin in exponierter Position, die von ihrem wenige Monate alten Baby an fünf Tagen der Woche über Hunderte von Kilometern getrennt ist, versicherte mir wortreich, dass sie von der Bindungsforschung überhaupt nichts halte und sich auch gar nicht mit ihr zu beschäftigen gedenke. Eine vielbeschäftigte Fernsehmoderatorin entdeckt die Bindungsforschung, nachdem ihr einziges Kind in kostspieliger Fremdbetreuung bereits zehn Jahre alt geworden ist und bereut ihre langjährige Abwesenheit. Eine meiner Freundinnen ist, ohne je mit der Bindungsforschung in Berührung gekommen zu sein, ganz von sich aus zehn Jahre lang bei ihren fünf Kindern zu Hause geblieben, weil sie davon überzeugt ist, dass kleine Kinder eine feste Bezugsperson brauchen. Wer hat Recht?

Unbestritten ist, dass Kleinkinder eine sichere, stetige Bezugsperson benötigen, um in der Interaktion mit ihr ein stabiles Ich ausbilden zu können. Fehlt diese Reibung oder »Spiegelung«, ersetzt der Mensch das »normale Selbst«, zu dem er nicht gefunden hat, durch ein eingebildetes »grandioses Selbst«, das weder ihm noch seinen Mitmenschen einen Halt bietet. Fehlt ihm das Glück der frühkindlichen Geborgenheit, wächst die Gefahr, dass der Mensch sich im späteren Leben als unausgeglichen, nervös, aggressiv, ängstlich, hyperaktiv und weniger bindungsfähig erweist. Hierauf in etwa hat man sich bei allen interessegeleiteten Meinungsverschiedenheiten in dieser Sache geeinigt.

Niemand behauptet also, dass eine Kindheit in einem rumänischen Waisenhaus der Entwicklung einer stabilen, ausgeglichenen Persönlichkeit besonders zuträglich wäre. Damit ist aber noch nicht geklärt, wie stetig die Bezugsperson im konkreten Fall zu sein hat. Denn was genau heißt sicher und stetig für ein Baby? Wo hört das Sicherheitsgefühl auf und fängt eine unzumutbare Unsicherheit an? In der Ganztagskrippe für Einjährige? In der *École Maternelle* für Halbjährige? Oder erst in der Wochenkrippe, wie sie die DDR für ihre Heldinnen der Arbeit im Angebot hatte? Wie viele Stunden am Tag braucht ein Säugling, wie viele braucht ein Kleinkind seine Eltern, um ein Gefühl der Geborgenheit und Sicherheit aufrechterhalten zu können?

Keine Mutter wird auf diese sie verständlicherweise sehr bewegenden Fragen eine verlässliche, unbezweifelbare Antwort finden. Manche Bindungstheoretiker reden ihr durchaus zu, ihr Kleinkind ganztags in einer Kinderkrippe betreuen zu lassen. Wenn das Kind weint und dort nicht bleiben will, erklären sie dieses Verhalten mit einer gestörten Bindung zu seiner Mutter. Gut gebundene Kinder, so ihre Überzeugung, zeigen keine Ängste, wenn sie von der Mutter getrennt werden. Aber wann, fragt sich die verwirrte Mutter in Ganztagsanstellung, ist eine Bindung »gut« genug, um das Kind in die Krippe zu bringen und wieder zu arbeiten? Und was hat sie falsch gemacht, wenn das Kind sich jeden Morgen dennoch weinend an sie klammert, sobald der Kinderladen in Sicht kommt?

Wir haben noch nicht sehr viele Erfahrungen mit ganztägig betreuten Krippenkindern unter drei Jahren. Nur fünf Prozent aller Mütter machen in Deutschland bisher von diesem ohnehin nur auf größere Städte beschränkten Angebot

Gebrauch. Denn dies ist die verschwindend kleine Zahl von deutschen Müttern, die schon in der Kleinkindphase wieder voll arbeiten. Ich habe dazugehört und weiß bis heute nicht, ob das gut oder schlecht war. Mein Gefühl sagt mir, dass es einer Tochter kaum, einer ziemlich und einer ganz und gar nicht geschadet hat, je nach Temperament und familiärer und seelischer Lebenslage. Sicher bin ich mir nur in einem: Es gibt auf diese Frage keine richtige Antwort für alle.

Das Unglück des Kindes ist das Unglück der Mutter

Ich erinnere mich noch genau, wie mir das junge Mädchen, das mir meine weinende neun Monate alte Tochter jeden Morgen abnahm, immer sagte: Du musst zuversichtlich sein. Wenn die große Mama, die alles weiß und kann, sorgenvoll das Gesicht verzieht, muss es sich bei dieser Übergabe um etwas ganz Entsetzliches handeln. Damit wollte sie vermutlich sagen: Wer hier eigentlich weint, das bist du, weil du dich gar nicht von deinem Kind trennen und zur Arbeit gehen willst. Das Kind spürt deine Empfindungen und nimmt dir das Weinen einfach ab. Es handelt sich also in Wahrheit um einen Akt der Übertragung, um ein Stellvertreterweinen. Das Kind einer glücklichen Mutter, die keine unlösbaren Konflikte in ihrer Familie erlebt, sich auf ihre Arbeit freut und sich keine Sorgen macht, weil es ihrem Kind im Kinderladen gut geht und es dort nette Freunde findet, würde niemals weinen. Der Wahrheitsgehalt dieser weitgehenden Vermutung ist nicht mit letzter Sicherheit zu ermitteln. Aber vieles spricht dafür, dass das junge Mädchen Recht hatte.

Das Glück oder Unglück von Kleinkindern ist in der Tat ein ziemlich ungetrübter Reflex auf das Glück oder Unglück ihrer Eltern. Jeder, der mit einem einjährigen Kind schon einmal zusammengelebt hat, weiß, wie übermächtig und strahlend die natürliche Glücksbereitschaft der Kleinen ist. Wenn ihr Umfeld, ihre Familie, der Fernseher, Krankheit oder Hunger sie nicht daran hindern, sind kleine Kinder grundlos glücklich. Sie strahlen und lachen ohne besondere Veranlassung. Niemand sonst auf der Welt ist so grundsätzlich vertrauensvoll und gut gestimmt wie ein Kleinkind. Dieses Ur-Glück scheint ein Geschenk der Natur an diesen kleinen Menschen zu sein, der es ansonsten, verglichen mit anderen Säugetieren in den ersten Jahren, besonders schwer hat. Das Ur-Glück verliert sich mit der Zeit und weicht der temperiert distanzierten Lebensstimmung, die wir alle kennen. Um es jedoch in den ersten beiden Lebensjahren schon zu zerstören, bedarf es einiger Anstrengung.

Niemand kann ein Kleinkind fragen, ob es lieber zu Hause bei Mami oder im Kindergarten bei den anderen Kindern sein möchte. Beide Muttertypen – die Mutter, die glaubt, ihrem Kind geht es nur bei ihr selbst richtig gut, und die Mutter, die glaubt, auch ein Kleinkind braucht die tägliche Anregung durch andere Kinder – treffen letztlich eine ideologische Entscheidung. Manchmal auch einfach nur eine pragmatische, weil es gar nicht anders geht. Weil man arbeiten muss, wenn der Kindsvater keine Alimente zahlt, oder weil die Arbeit, an der man hängt, keine dreijährige Unterbrechung verträgt. Auch die diversen Untersuchungen an vorwiegend fremdbetreuten Kleinkindern ergeben kein klares Bild. Zwar hat so manche Studie bei Krippen-Kleinkindern, verglichen mit den Mutter-Kleinkindern, eine größere Störanfälligkeit, häufigeres Bettnässen, Hyperaktivität und Kopfschmerzen festgestellt. Nach anderen Untersuchungen sind die Krippenkinder den Mutterkindern dafür aber in den Punkten Sprachentwicklung, Selbständigkeit und Sozialkompetenz überlegen. Deutlich wird vor allem: Auch der kleine Mensch ist bereits ein zu komplexes Wesen, als dass jemand eindeutige Regeln für seine optimale »Wartung und Pflege« aufstellen könnte. Kinder, die zu Hause viele Geschwister und Nachbarskinder haben, brauchen wahrscheinlich keine Krippe für ein lebendiges und sozial anregendes Aufwachsen. Kinder, die mit ihrer Mutter oder höchstens einem älteren Geschwister mehr oder weniger allein sind und allenfalls beim Einkaufen unter Leute kommen, vermissen das Spiel mit Gleichaltrigen vermutlich sogar. Und Kinder, die zu Hause überwiegend vom Fernseher betreut werden, sind schon als Einjährige in einer fernsehfreien Kinderkrippe mit Sicherheit besser aufgehoben.

Auch wird eine ausgeglichene, zufriedene Mutter mit größerer Wahrscheinlichkeit ein ausgeglichenes, zufriedenes Krippenkind haben als eine nervöse, unglückliche Mutter. Eine stabile Familie wird sich weniger Sorgen um die Fremdbetreuung ihrer Kinder machen müssen als eine instabile, zerstrittene oder zerbrochene Familie. Und natürlich gibt es auch Fälle, in denen die Überforderung des fremdbetreuten Kleinkindes mit Händen zu greifen ist und niemand den Mut hat, einzuschreiten. Wie auch umgekehrt viele wegsehen, wenn das Kleinkind neben seiner alkoholkranken Mutter oder seinem fernsehsüchtigen Vater sich selbst überlassen ist. Die Beispiele sind so vielfältig und unüberschaubar wie unsere sozialen Lebensformen. Entscheiden kann jeder nur im jeweiligen Fall, jede Mutter, jeder Vater muss selbst herausfinden, wie viel »Familie« und wie viel »Außenwelt« dem kleinen Kind zugemutet werden darf oder muss. Und jeder, der sich anmaßt, in diesem Dschungel den einzig richtigen Erziehungspfad zu kennen, ist ein Hochstapler.

Die Lobeshymnen auf die Frau dienen
der Restauration der traditionellen Familie

Im Augenblick gibt es Streit zwischen Müttern. Zwei Fronten
stehen sich unversöhnlich gegenüber. Auf der einen Seite
der Barrikade befinden sich die Vertreterinnen der Verein-
barkeitstheorie. Sie proklamieren die grundsätzliche Vereinbarkeit von Kindern und Karriere und haben seit vielen
Jahren eine große Anhängerschaft. Auf der anderen Seite
stehen die neuen Apologeten des alten Familienmodells. Sie
gehen davon aus, dass eine Vereinbarkeit von Kindern und
Karriere strukturell unmöglich ist, und bekommen in der
augenblicklichen Krise immer mehr Zulauf. Beide Fronten
haben sich publizistisch bisher hinlänglich geäußert. Im
Zentrum der Auseinandersetzung stehen dabei die Fragen,
wer Recht hat – die Vollzeitmutter oder die voll berufstätige
Mutter – und welches der beiden Modelle unsere Zukunft
bestimmen sollte.

Auf beiden Seiten der Barrikade gibt es in dieser Auseinandersetzung so idyllische und ungetrübte Beschreibungen des
eigenen Lebensmodells, dass man denken könnte, man solle
das entsprechende Modell im Anschluss an derartige Werbe-
maßnahmen käuflich erwerben. In den Selbstzeugnissen der
Vereinbarkeitsfront ist naturgemäß sehr viel Lobenswertes
zu finden über die unübertrefflichen Fremdbetreuerinnen,
die der Mutter ihr Arbeitsleben ermöglichen. Nichts als
Hymnen über die hinreißende »junge bayrische Kinderfrau«, die wunderbare Natascha aus der Ukraine, die Nanny,
die auch gleich die Korrespondenz erledigt, und die ältere
Dame, die netterweise zwischen Berlin und Paris mit hin-
und herpendelt. Hier sieht man Karrieremütter am frühen

Morgen müde, aber zufrieden ihren Kindern nachwinken, hier fallen Sätze wie: »Die beiden werden mich bis zum Abend kaum vermissen, und das ist wunderbar so.« Und hier erfährt man, dass solche Wunder an jedem Arbeitstag rund einhundert Euro kosten und dass es darauf in dieser Sache aber gar nicht ankomme.

Die andere Seite der Barrikade, die Front der Vollzeitmütter, ist verständlicherweise publizistisch noch nicht auf dem letzten Stand. Sie lässt sich deswegen in diesem Streit gerne von konservativen männlichen Familienpropagandisten und den Apologetinnen einer neuen Weiblichkeit vertreten – mit dem Nachteil, dass beide Stellvertreter das Lebensmodell Vollzeitmutter aus eigener Anschauung nicht kennen und also etwas propagieren, wovon sie kaum eine Vorstellung haben. Entsprechend idyllisch fallen auch die dort gemalten Genrebilder aus: von den Müttern, die am Bett ihrer kranken, aber glücklichen Kinder wachen, von den wackeren Frauen, die durch ihren unentgeltlichen Einsatz unsere maroden Sozialsysteme vor dem Kollaps bewahren, die durch unermüdliche Häuslichkeit die Scheidungsrate in den Keller treiben und durch eigenhändige Kinderbetreuung die Zukunft ihrer Liebsten sichern. Die Lobeshymnen auf die Frau als von Natur aus altruistische und hingebungsvolle Kranken- und Kinderwärterin sind der größte Trumpf einer neuerlichen Restauration des alten Familienmodells. Die überwiegend männlichen Vertreter dieser weiblichen Prädestinationslehre unterrichten uns Frauen darin, was wir empfinden beim Gebären und Stillen. Sie klären uns darüber auf, dass uns beim Wechseln der Windeln und im einschläfernden Wiegen des Babys ein erotisches Erlebnis höchster und seltenster Art zuteil wird, und machen sich stark für die Wiederkehr des angeblich rein weiblichen Altruismus, der sexuellen Arbeitsteilung, der alten Geschlechterrollen und der weiblichen Entsagung. Wenn der Frau außer an erotischen Erlebnissen beim Windelwechseln auch an einem erfüllten Berufsleben gelegen ist, wird sie den Beifall dieser Partei nicht finden. Von dort wird lapidar gemeldet: Wenn eine Frau nach der Geburt alles daran setzt, ihren Beruf weiter auszuüben, und dadurch in Schwierigkeiten gerät, gibt es für den Mann keine emotionale Basis, an der Beseitigung dieses Problems wirklich mitzuarbeiten. Fragt man, warum das eigentlich so ist, weist der Finger sehr weit zurück in die Geschichte der Arten, in der das Männchen durch Mut und Kraft für Weibchen und Kinder gesorgt hat. Heute, wo das Weibchen in alle männlichen Domänen eingedrungen ist und für sich und seine Kinder zur Not selber sorgen kann, zieht das Männchen auf dieser Seite der Barrikade sich gekränkt zurück. Den Rest erledigen die Anwälte. Dass wir die haben, unterscheidet uns immerhin von unseren Brüdern, den Affen.

Im Streit zwischen Karriere- und Vollzeitmüttern gibt es keine Sieger

Der Barrikadenkampf zwischen den Anhängern des Glaubens an eine rückstandsfreie Vereinbarung von Kindern und Karriere einerseits und den Verfechtern der mütterlichen Prädestinationslehre andererseits ist unwürdig und fruchtlos. Jeder ist von der vollkommenen Überlegenheit seiner Partei überzeugt. Die eine schwört auf Chancengleichheit und Balance zwischen öffentlichem und intimem Leben. Die andere glaubt an die natürliche Bestimmung des Weibes. Eine neutrale Position zwischen den Fronten, die dafür plädiert, dass jeder nach seiner Fasson glücklich werden solle, drückt sich um die Antwort, welches Lebensmodell für die Lösung der großen Familienprobleme der nächsten Jahrzehnte wirklich geeignet ist.

Außer Polemik ist in dieser Debatte noch nicht viel hervorgebracht worden. Man schimpft sich gegenseitig hinterwäldlerisch und patriarchalisch oder grausam und selbstsüchtig. Die einen werfen den anderen vor, die immensen Kosten einer qualifizierten Ausbildung in der Buddelkiste zu versenken. Die Gegenseite kontert mit den noch höheren Folgekosten, die depravierte und vernachlässigte Kinder der Gesellschaft aufbürden. Die Vollzeitmütter sehen sich um die öffentliche Anerkennung geprellt, die sie ihrer Meinung nach verdient haben. Die voll berufstätigen Mütter fühlen sich von der anderen Partei als Mannweiber herabgesetzt und zu Unrecht als schlechte Mütter disqualifiziert. Die einen werden als Mutti, die anderen als Emanze diffamiert. Den einen wirft man vor, dass sie schuld daran sind, wenn ihre Ehen zerbrechen. Die anderen werden als unmündige und abhängige Hausfrauen an den Pranger gestellt. In diesem Krieg kann es keine Sieger geben.

Erst das bürgerliche Zeitalter hat die Hausfrauenmutter erfunden

So kann es nicht weitergehen. Denn in beiden Positionen liegt keine Zukunft. Beide verdanken sich überdies ideologischen Schulen, deren Zeit abgelaufen ist.

Die Lehre von den angeblich natürlichen Eigenschaften der Frau ist keineswegs eine, die bereits seit Urzeiten Gültigkeit hätte. Sie ist erfunden worden in einer ähnlichen

Krisenzeit wie der unseren und erfüllte in einer unübersichtlichen Umbruchsituation die nämliche Aufgabe wie heute: Sie sollte die sich in Auflösung befindlichen sozialen Rollenbilder stabilisieren und einfache Orientierung in komplexen und unübersichtlichen Zusammenhängen bieten. So erstaunt es nicht, dass die ersten Ideologen einer natürlichen Weiblichkeit nicht etwa in der Antike oder im Mittelalter, sondern zu Beginn der Industrialisierung auftauchen. Zuvor war die ganztägige Berufstätigkeit der Frau, etwa im Stall und auf dem Acker, die selbstverständlichste Sache der Welt. Die Kinder blieben währenddessen häufig un- oder fremdbetreut, da zeigte man sich wenig zimperlich, man hatte ja genug davon. Erst das käsige 19. Jahrhundert kam auf den Einfall, dass die mittelständische Frau eigentlich auch ganztags neben der Anrichte im Wohnzimmer sehr ansehnlich aussehen würde – und nannte dieses Arrangement dann »natürlich«.

Die Auffassung, dass keine Kinder zwar die beste, Kinder und Karriere aber die zweitbeste Lösung der Frauenfrage sei, verdanken wir dem Feminismus. Der Feminismus hat zwar für die Mütterfrage nie ein Herz gehabt, weil er ursprünglich davon ausging, dass ein erfülltes und emanzipiertes Frauenleben ein kinderloses zu sein hat. Doch hat er sich in einer zweiten Phase und unter dem Druck der Mütter dazu bequemt, von dieser buchstäblich zum Aussterben verurteilten Position abzurücken und dem Vereinbarkeitsideal näherzutreten. Das Vereinbarkeitsideal geht davon aus, dass eine Frau so viele Kinder bekommen kann, wie sie sich wünscht, und gleichzeitig keine Kompromisse in ihrer Berufsausübung eingehen muss, sondern im Gegenteil entsprechend einem weiteren Ideal, dem Ideal der Chancengleichheit, immer unbeschränkte berufliche Entfaltungsmöglichkeiten genießt. Dieses Ideal ist, was der Name schon sagt, eine bloße Idee, die mit der Lebenswirklichkeit von Müttern, die wirklich annähernd so viele Kinder haben, wie sie sich wünschen, nicht das Geringste zu tun hat.

So stecken alle in der Sackgasse. Die Prädestinationstheorie und die ihr zugeordnete Hausfrauenehe haben keine Zukunft, weil sie eine lebensferne Erfindung einer Handvoll frühindustrieller Ideologen sind. Das Vereinbarkeitsideal hat keine Zukunft, weil es in Wahrheit gar nichts zu vereinbaren, sondern immer nur etwas zu addieren gibt.

Wir brauchen eine neue Weiblichkeit des Mannes

Ich bin überzeugt davon, dass unsere Zukunft weder bei der einen noch bei der anderen Kriegspartei zu finden ist. Sie liegt weder in einer größeren Verweiblichung noch in einer größeren Vermännlichung der Frauen. Sie liegt nämlich überhaupt nicht bei den Frauen. Wir haben uns in den letzten Jahren so viel bewegt, wie noch keine Frauengeneration vor uns. Wir haben die männlichen Domänen erobert und die weiblichen Stellungen so gut es ging gehalten und haben uns in diesem Spagat schon manches Bein gebrochen. Jetzt sollten wir weder blind zurückgehen noch weiter nach vorne stürmen. Wir sollten uns eine Pause gönnen. Jetzt ist es an den Männern, uns einzuholen. Die Männer müssen sich bewegen, sie müssen die männliche Hälfte der Welt mit uns teilen und die weibliche endlich erobern. Das mag vielen nicht gefallen. Und es wird noch viel ideologisches Kettenrasseln geben. Von der Nivellierung natürlicher Geschlechtsunterschiede, vom Verlust erotischer Spannung und archaischer Geschlechtlichkeit hört man die gekränkten Schreibtischhelden schon rufen. Aber es wird ihnen nichts nützen. Die Erotik wird überleben, selbst am männlich besetzten Wickeltisch. Die erotische Spannung wird unter der gemeinsamen Kinderbetreuung nicht zusammenbrechen. Und die kreatürliche Geschlechtlichkeit wird sich auch außerhalb der Hausfrauenehe einstellen. Nicht wir sind es, die sich verweiblichen müssen, die Männer müssen es tun. Und nicht wir sind es, die Kinder und Karriere weiterhin immer nur fleißig addieren sollten, die Männer müssen es uns gleichtun. Dann wird der Krieg ein Ende haben.

Der abstrakte Familiendiskurs führt zu nichts

Das alles ist natürlich sehr allgemein. Man könnte sagen: sehr männlich-allgemein. Denn die Rede von Krieg, Domänen, Stellungen und Barrikaden ist keine traditionell weibliche. Und in der Tat sind im öffentlichen Familiengespräch die Rollen häufig genauso verteilt wie in der Küche zu Hause. Die Frau ist die Beschwerdeführerin, sie beklagt sich und zeigt auf die ewig unsortierten Socken der Kinder. Der Mann ist im freundlichen Fall ratlos oder aufrichtig bekümmert und diktiert uns im unfreundlichen Fall seine Bedingungen für einen Friedensvertrag, der grob zusammengefasst einen einzigen Paragrafen enthält: Socken, Kranke und Kinder der Frau, und den ganzen Rest bitte auch noch.

Aus der Familienpublizistik der Männer habe ich mir die Kriegssprache geborgt. Dort ist die Rede von »eroberten Arealen«, »besetzten Stellungen«, vom »Gleichheitskampf«, von der »Einnahme von Positionen«, von »Urgewalten« und Ähnlichem. Auch wenn in diesen Verlautbarungen nicht immer davon geredet wird, dass der »Gleichheitskampf« nur durch Rückzug zu entscheiden ist, auch wenn im Gegenteil immer versichert wird, niemand wolle die Familie des 19. Jahrhunderts zurückhaben, fehlt bisher jeder Hinweis auf die alles entscheidende Frage: Wer kümmert sich wann um wen oder was?

Auf solche Fragen stößt man nicht, wenn man sich im freien Luftraum eines abstrakten Familiendiskurses bewegt. Wir können uns diese Abstraktion nicht erlauben. Die Wahrheit ist für die Frauen immer konkret. Deswegen ist es höchste Zeit, unsere Flughöhe zu verlassen und im wirklichen Familienleben zu landen.

8. Kapitel
Was uns fehlt

Kehren wir noch einmal zu den beiden netten, vorbildlichen akademischen Mittelständlern zurück. Zum Glück haben sie sich inzwischen noch nicht scheiden lassen, was, da sie ja in einer deutschen Großstadt leben, in der jede zweite Ehe in die Brüche geht, schon beneidenswert ist. Ihr drittes Kind ist vor einem Jahr geboren worden, damit haben sie ihr demografisches Soll, das bei 2,3 Kindern liegt, schon gehörig überboten. Ihre Ehe hat das beachtlicherweise überlebt, ihre innerstädtische Altbauwohnung in München, Frankfurt oder Hamburg natürlich nicht. Die fünfköpfige Familie ist, wie prognostiziert, an den Stadtrand gezogen in eine Doppelhaushälfte mit Gärtchen und Schaukel, drei Kinderzimmern und einem Keller für die Tischtennisplatte. Hier hat die Familie, was sie dringend braucht, um sich nicht alsbald die Windeln an den Kopf zu schmeißen: genügend Platz und ein wenig frische Luft.

Mehr Erleichterung hat diese erste Selbst-Marginalisierung allerdings nicht erbracht. Die Miete für das halbe Stadtrand-Häuschen ist nicht geringer als für die urbane Altbauwohnung, die Arbeitswege sind dafür länger, die Eltern kommen noch später nach Hause, an eine Teilzeitarbeit der Mutter oder gar beider Eltern ist wegen der hohen Mietkosten noch immer nicht zu denken. Der Alltag läuft wie zuvor, beide Eltern arbeiten auf einer vollen Stelle, die Kinder besuchen den Ganztagskindergarten, das älteste Kind hat sogar einen Hortplatz in einem Hort bekommen, in dem das Mittagessen schmeckt und eine nette ältere Dame sich darum kümmert, dass nach der Bastelstunde auch mal das Einmaleins geübt wird. Am späten Nachmittag kommt nun nicht mehr die nette Fünfzigerin aus der Nachbarschaft, sondern ein sehr freundliches junges Mädchen aus Litauen, das die Kinder aus der Schule und dem Kindergarten abholt und ihnen zu Hause schon mal das Abendbrot serviert. Um das Chaos in der Küche und im Wäschekorb kümmert sich eine tatkräftige Polin einmal in der Woche. An dieser Front ist, wenn man seine Ansprüche deutlich herunterschraubt, auf gebügelte Bettwäsche, geordnete Kleiderschränke und gestärkte Oberhemden verzichtet, eigentlich alles in Ordnung.

Wenn die Eltern nach Hause kommen, haben sie immerhin noch genügend Zeit, um den Kleinen im Bett ein bisschen »Doppeltes Lottchen« oder »Der kleine Wassermann« vorzulesen. Sie können ihren Kindern sogar noch ein paar Gutenachtlieder vorsingen. Wenn alles gut geht und die Kinder noch nicht zu müde sind, haben die Eltern sogar Gelegenheit, nach ein paar Erlebnissen aus der Schule und nach dem Krippenspiel im Kindergarten zu fragen. Das ist weit mehr, als mein Vater vor vierzig Jahren je zustande gebracht hat. Wo ist das Problem?

Das Problem heißt noch immer: Wer kümmert sich wann um wen oder was? Man könnte auch sagen, das Problem heißt: Wollen wir so leben?

Die Kindheit unserer Kinder entspricht nicht den heute üblichen Qualitätsstandards

Vor ein paar Jahren gab es ein vielbeachtetes Buch, in dem Eltern nachlesen konnten, was zu einer gelingenden Kindheit heute alles gehört. Es hieß »Das Weltwissen der Siebenjährigen«. Ein Forschungsteam hatte sich für dieses Buch drei Jahre lang Gedanken darüber gemacht, was ein siebenjähriges Kind in seinem Leben schon alles erfahren und getan haben sollte. Befragt wurden Eltern, Großeltern, Hirnforscher, Entwicklungspsychologen und Grundschuldidaktiker, aber auch Verkäuferinnen, Studenten und andere Laien der Kindererziehung. Aus diesen Recherchen entstand eine verblüffende Liste von Fertigkeiten, die, auch wenn man in Rechnung stellt, dass kein Kind sie ganz erfüllen sollte, dazu geeignet ist, Eltern in die Verzweiflung zu treiben.

Die Liste ist zu lang, um sie vollständig zu referieren, aber es genügt, sich einige dieser Punkte vor Augen zu halten, um im Boden zu versinken. Wichtig für ein siebenjähriges Kind ist es zum Beispiel, unterscheiden zu können, was ein Geräusch und was ein Klang ist, es sollte zwischen Sehen, Blicken und Schauen genauso unterscheiden können wie zwischen Gehen und Schreiten, Geruch und Duft, Bewegung und Gebärde. Es sollte Vogelstimmen imitieren können, auf einen Baum geklettert sein, Obstsorten nach ihrem Duft unterscheiden können, die Erinnerung an ein gehaltenes Versprechen haben. Es sollte seinen Namen schon mal in Sand, in Schnee und auf einen Waldboden geschrieben, schon einmal gesät und geerntet sowie ein chinesisches oder ein arabisches Schriftzeichen geschrieben haben, es sollte einige Tage seines Lebens in einem Wald verbracht und Jahresringe am Baumstumpf gezählt haben, es sollte einmal in einen Bach gefallen sein. Und so weiter. Spielend kann ich mir noch viel mehr Dinge ausdenken, die ich selber für siebenjährige Kinder für unerlässlich halte. Zum Beispiel Verantwortung für ein Tier zu tragen, Geschichten erzählen zu können, dem Wasser zu vertrauen, einen Sonnenaufgang und einen Sonnenuntergang erlebt zu haben, einmal bis auf die Haut durchgeregnet zu sein, Blätter zu sammeln, Höhlen zu bauen, den Geruch der Jahreszeiten zu kennen, den Vogelzug zu beobachten, sich im Heu zu verstecken, einen Brief bekommen und geschrieben zu haben, verschiedene Musikinstrumente und ihre Töne zu kennen, im Schnee zu spielen, den Sternenhimmel zu erforschen, über Eis zu laufen, Fragen nach Gott und dem Leben nach dem Tod zu stellen, Geschichten aus der Bibel und Märchen zu kennen, Lieder singen zu können, das Meer, einen Fluss, einen See, einen Berg zu kennen, einen Freund zu haben, ein Gedicht auswendig zu können, etwas selbst hergestellt zu haben, und so geht es weiter, und so geht es fort. Die Liste ist hier noch lange nicht zu Ende.

Man kann nicht sagen, dass diese Liste besonders anspruchsvoll und extravagant wäre, sehen wir von den arabischen und chinesischen Schriftzeichen einmal ab. Sie enthält kein Spezialwissen, keine technischen Fertigkeiten, sie schert sich nicht um Medienkompetenz, Fremdsprachenunterricht, kulturgeschichtliche, wissenschaftliche und literarische Bildung oder andere ehrgeizige Elite-Förderungsprojekte für zukünftige Führungskräfte. Sie müsste in der einen oder anderen Auswahl eigentlich für jedes Kind gültig sein. Das genau macht es für uns Eltern so bitter: In dieser Liste werden ganz durchschnittliche Qualitätskriterien für eine gelingende Kindheit und ein lebendiges Aufwachsen aufgezählt. Es handelt sich um Qualitätserwartungen, die wir in anderer Weise ganz selbstverständlich an alles Mögliche in unserem Leben richten. An jeden Kühlschrank, jede Einbauküche, jedes Auto haben wir bestimmte, nicht zu knapp bemessene Ansprüche. Diese Liste macht uns schlagartig deutlich, dass wir ähnliche Qualitätserwartungen für das wichtigste in unserem Leben, für unsere Kinder, offenbar nicht haben. Oder doch zumindest: dass wir es resignierend in Kauf nehmen, wenn unsere Kinder auf das allermeiste aus dieser Liste aufgrund unserer Lebensführung verzichten müssen. Und dass wir sie für diesen Verzicht mit einer Unsumme von unnötigen Unterhaltungs- und Konsumartikeln zu entschädigen versuchen.

So viel Selbstzerknirschung mag mancher für überzogen halten. Noch nie ging es so vielen Kindern so gut wie heute. In welcher Zeit wurde Kindern, ihrer Erziehung, ihrer Gesundheit, ihrem Wohlergehen mehr Beachtung geschenkt als in der unseren? Wann wurden Kinder in beinahe allen Schichten der Gesellschaft so verwöhnt, derartig ausgestattet, mit einem vergleichbaren Spiel- und Freizeitangebot beschenkt? Wann hatten sie je so gute Bildungs- und Überlebenschancen? Wann hat man sich in solcher Intensität um ihr Innenleben, ihre seelische Entwicklung gesorgt?

Es ist wahr. Es geht unseren Kindern viel besser als den Kindern vor zwei- oder dreihundert Jahren. Aber auch uns geht es besser. Auch wir müssen nicht mehr achtzehn Stunden lang auf dem Acker, im Stall oder an der Maschine schuften und bei jeder Geburt um unser Leben fürchten. Und dieser Wohlstandsvorsprung hält uns keineswegs davon ab, unser Leben immer weiter zu optimieren und mit neuen Ansprüchen zu überziehen. Was hindert uns also daran, für unsere Kinder, für unser Familienleben Qualitätsstandards einzufordern, die mit den hochentwickelten Standards unserer sonstigen Lebenswelt mithalten? Warum soll für unser Familienleben nicht gelten, was wir von jeder neuen Staubsaugergeneration, jeder Blinddarmoperation, jeder »bulthaup«-Einbauküche erwarten?

Die Doppelernährerfamilie hat kein Familienleben

Hier ist etwas faul. Hier stößt die Familie, die Beruf und Familie vereinbaren will, an schier unüberwindbare Grenzen. Gehen wir mit unserem wackeren Doppelverdienerpaar noch einmal kurz ins Vorstadthäuschen zurück. Sie arbeitet noch immer in einem Wissenschaftsverlag, er an einer deutschen Hochschule. Arbeitsschluss ist, wie allgemein üblich, zwischen siebzehn und achtzehn Uhr. Bis die beiden den Vorortzug erreicht haben oder der Stau auf den stadtauswärts führenden Hauptstraßen sich aufgelöst hat und sie zu Hause eintrudeln, wird es achtzehn Uhr dreißig sein. Spätestens um neunzehn Uhr ist die ganze Familie wieder zu Hause versammelt, ist das litauische Kindermädchen verabschiedet und das Familienleben – Sterne zeigen, im Schnee spielen, Märchen erzählen, Blockflötenkonzerte anhören, Tuschbilder bewundern, arabische oder chinesische Schriftzeichen studieren, Blätter sammeln, Höhlen bauen, Berge besteigen – kann beginnen. Alles ist gut. Die Vereinbarkeitsfront ist begeistert.

Leider gibt es noch ein kleines Problem. Das Problem ist mit Verlaub das Kind, das es an sich hat, im zarten Kleinkind- und Grundschulalter spätestens um halb acht abends ins Bett zu müssen. Zumal es ja am nächsten Morgen um sieben oder acht Uhr schon wieder gefrühstückt, gewaschen, angezogen und korrekt bestrumpft sein muss. Das Problem besteht leider darin, dass in unserem anspruchsvollen Leben die tatsächlich unleugbaren uralten biologischen Rhythmen mit den hochmodernen unserer Arbeitswelt auf – wie ich versichern kann – sehr ungemütliche Weise kollidieren. Das Problem besteht ferner darin, dass man in den von dieser Kollision ausgenommenen dreißig Minuten nicht gleichzeitig das Blätterklebebild der Fünfjährigen, den ersten Handstand der Dreijährigen und die neuen Gehversuche der Einjährigen würdigen kann, während man außerdem schnell noch den Frühstückstisch abräumen und das Abendbrot zubereiten muss. Das Problem besteht deswegen also darin, dass die Familie nicht mehr sehr viele gemeinsame Erfahrungen macht, kaum noch Erlebnisse miteinander teilt und nur darauf hoffen kann, dass öffentliche Institutionen wie Ganztagsschule und Kindergarten alles Lebenswichtige für sie erledigen.

Und nicht nur das. Der ganz und gar nach den Erfordernissen der Erwerbsarbeit durchgetaktete Familienalltag befällt die Familie wie ein Virus, der alle Regungen zunehmend lahmlegt. So gewöhnen sich die Eltern mehr und mehr daran, dass ihre Kinder die meisten primären Welterfahrungen in dafür offenbar zuständigen Institutionen machen. Im Kindergarten lernen sie soziales Verhalten, Rücksichtnahme, Handarbeiten, Singen, Erzählen und Haushaltshilfe, mit einigem Glück vielleicht sogar noch ein bisschen mehr. Hier schulen sie ihre Sinne, auf dem Rasenplatz vor dem Kindergarten machen sie ihre wichtigsten Naturerfahrungen. In der Schule kümmert man sich um die seelische und geistige Entwicklung, der Hort sorgt für nahrhaftes Essen und die sorgfältige Erledigung der Hausaufgaben. Auf dem Schulhof kommt das Kind am Nachmittag auch mal ein bisschen an die frische Luft. Um den pünktlichen Besuch des Geigenunterrichts kümmern sich die städtischen Hortangestellten. Sie basteln sogar Weihnachts- und Geburtstagsgeschenke mit den Kindern. Nichts daran ist zu verteufeln, und den Kindern wird in vielen Institutionen heute eine sehr liebevolle und durchdachte Betreuung geboten.

Der Doppelverdienerfamilie allerdings fehlen all diese alltäglichen, oft auch zähen und mühseligen Erfahrungen, die Mütter in traditionellen Familien mit ihren Kindern noch machen. Wenn die Doppelverdienerfamilie endlich beisammen ist, handelt es sich immer um eine Ausnahmesituation, fern vom Alltag. Eigentlich ist jedes Wochenende ein kleines Fest, das die Eltern, weil sie alles kompensieren und wiedergutmachen wollen, was sie versäumen, auch als solches inszenieren. Ständig macht die Feiertagsfamilie irgendetwas Besonderes. Sie fährt über die Autobahn in einen hochgerüsteten Wildpark. Sie geht mit Popcorn und allem Drum und Dran ins Kino und hinterher gibt es so viel Pommes, wie die Kinder wollen. Sie führt die Kleinen ins Theater, in den Kindermalkurs des Museums, in die Kinderoper oder in den Zoo. Jeden der kostbaren Familientage versucht sie, zu einem neuen Höhepunkt zu machen. Sie scheut dabei keine Mühe und keine Kosten. In den Ferien wird das Betreuungsprogramm dann von den teuren Familienreiseanbietern mit Reit-, Abenteuer- und Skikurs-Angeboten nahtlos fortgesetzt.

Den Kindern macht das scheinbar Freude, die Eltern beruhigen ihr schlechtes Gewissen. Mit ihren Kindern selbst und ohne bezahlte Hilfe etwas zu unternehmen haben sie beinahe schon verlernt. Manche lassen schließlich sogar die Kindergeburtstage von professionellen Anbietern gestalten. Dass das Familienleben langsam ausschließlich im gemeinsamen Konsum bezahlter und vorgefertigter Freizeitangebote besteht, fällt den Familienmitgliedern immer weniger auf, je länger dieses gekaufte Ersatzfamilienleben dauert. Die Kinder, die ohnehin ständig nach Stundenplan funktionieren, verkümmern ohne die Möglichkeit, Erfahrungen nach ihrem eigenen Maß zu machen und ihre Zeit nach eigener Phantasie zu gestalten. Die Familie verliert ihren inneren Halt und wird notdürftig durch das gemeinsame Absolvieren eines Fertiglebens zusammengehalten.

Wenn es wahr ist, dass Erziehung durch das geschieht, was gerade geschieht, und nicht durch das, was beabsichtigt ist, kann man davon sprechen, dass wir unsere Kinder im Doppelernährerhaushalt überhaupt nicht erziehen. Was uns dort fehlt, sind identitätsstiftende Erfahrungen, ein gemeinsames Familien-Fundament und vor allem: primäre Erlebnisse. Was nutzt unserem Kind die hochqualifizierte Führung durch einen Naturlehrpfad, wenn wir nie die Zeit gefunden haben, mit ihm einen ganzen Tag lang durch den Stadtwald zu streifen? Was soll das Kind mit den neuesten Musikvideos anfangen, wenn es nie Gelegenheit gab, gemeinsam zu singen? Wozu der teure Kurs im Bogenschießen, wenn die Familie noch nicht einmal gemeinsam Ball gespielt hat? Und warum braucht ein Kind Ballettunterricht mit Tüllröckchen und rosa Tanzschuhen, wenn wir bisher noch nicht einmal mit ihm über einen Bach oder durchs Gehölz geklettert sind?

Es ist schon oft gesagt worden, aber deswegen nicht weniger wahr: Dem nahezu unbegrenzten Reichtum in der sekundären Erfahrungswelt entspricht heute eine ungeheuerliche Verarmung und Verelendung in der primären Erfahrungswelt. Für den Erfolg und die Produktivität unserer Gesellschaft spielt das kurzfristig gesehen keine Rolle, für Kinder und Familien ist diese Entwertung eine Katastrophe. Denn nur im primären, im unmittelbaren Leben liegt ihr Kapital und ihre Zukunft. Verlieren sie dieses Kapital, verlieren sie sich selbst, werden Familien zu beliebigen Relaisstationen, zu preiswerten Gasthäusern für Auszubildende und Wanderarbeiter, die selbst kaum mehr familienfähig sein werden.

Niemand hat Zeit, die ohne Nutzen verstreicht

Ich habe meine Kinder jahrelang außerhalb der Sommerferien und des Wochenendes nur zu einem schnellen Frühstück und abends beim Schlafengehen gesehen. Wie fast alle Väter und die meisten anderen berufstätigen Mütter auch. Ich hatte, wie es richtig und erstrebenswert ist, eine doppelte Lebensaufgabe. Leider hat dieses an und für sich sehr erwünschte Doppelleben einen Haken. Für die eine Aufgabe hatte ich acht bis zehn Stunden täglich zur Verfügung, für die andere ein bis zwei. Den Kürzeren zogen in diesem Konflikt immer meine Kinder. Immer wieder war es nur ihre Mutter, die morgens um elf nicht zum Stockbrotbacken oder zum Krippenspiel im Kindergarten erschien. Es war immer nur ihre Mutter, die in den ersten Schulwochen nicht morgens um zehn zum Abholen schon wieder vor der Klassenzimmertür stand. Es war immer nur ihre Mutter, die die Schulweihnachtsfeiern nicht mit Selbstgebackenem alimentierte und für den Schulbasar nichts bastelte. Das alles mag man für verzeihlich halten und halte auch ich für verzeihlich. Schwieriger fand ich, dass ich selten wusste, was meine Kinder in der Schule gerade lernten. Ich hatte kaum Zeit, ihre Hefte zu lesen, und selten gab es

Gelegenheit, mir Einzelheiten aus dem Schulalltag erzählen zu lassen. Meist hatten die Kinder solche Einzelheiten, wenn wir uns abends trafen, ohnehin schon wieder vergessen. Ich kannte die Freunde meiner Kinder nicht, wusste nicht, was sie beschäftigte, was sie nach der Schule spielten, was sie dachten, was sie gegessen hatten, in wen sie verliebt waren, was sie gelesen hatten, welche Zähne ihnen gerade herausfielen, was sie gerade strickten oder bastelten, ob sie schon Springseil springen konnten, welche Lieder sie in der Schule sangen, ja, nicht mal, ob es am Nachmittag bei ihnen geregnet oder die Sonne geschienen hatte.

Meine Kinder haben sich daran gewöhnt. Da sie es nicht anders kannten, haben sie unser Leben für selbstverständlich gehalten. Ich war in ständiger Hetze. Wann sollte ich meiner Zehnjährigen den griechischen Götterhimmel erklären, wann ihre ersten selbstverfassten Gedichte würdigen, wann mit der Achtjährigen erörtern, welchem Pferd sie ihr Herz schenken und wie viel Schokolade man am Tag eigentlich ungefähr essen sollte, und wann die ungezählten Briefchen auseinanderfalten und lesen, die die Fünfjährige im Lauf des Tages an ihren Hunderte von Kilometer entfernt arbeitenden Vater geschrieben hatte? Eine Standardformel, die die Kinder unwillkürlich gebrauchten, wenn sie mich überhaupt noch mit ihren ungezählten kleinen und großen Angelegenheiten bestürmten, war: Musst du gerade arbeiten oder hast du Zeit? Und Zeit hatte ich fast nie. Denn in den meisten Berufen ist die Arbeit heute mit dem Feierabend nicht beendet. Zeit, im älteren Sinn des Wortes, hat fast niemand. Zeit, die man nicht benutzt und absolviert und vor den Karren irgendeines kurzfristigen Zweckes spannt, sondern Zeit, die sich ereignet. Zeit, wie sie die Bibel meint, die man da ruhig mal zitieren kann, wenn es heißt: »Ein jegliches hat seine Zeit, und alles Vorhaben unter dem Himmel hat seine Stunde: Geborenwerden hat seine Zeit, Sterben hat seine Zeit, Pflanzen hat seine Zeit, Ausreißen, was gepflanzt ist, hat seine Zeit; Töten hat seine Zeit, Heilen hat seine Zeit; Abbrechen hat seine Zeit, Bauen hat seine Zeit; Weinen hat seine Zeit, Lachen hat seine Zeit; Klagen hat seine Zeit, Tanzen hat seine Zeit; Steine Wegwerfen hat seine Zeit, Steine Sammeln hat seine Zeit ...« Nichts davon, meint der Prediger Salomo, lässt sich termingerecht erledigen: »Man mühe sich ab, wie man will, so hat man keinen Gewinn davon.« Was er noch nicht wissen konnte: dass es einmal Menschen, vor allem Mütter geben wird, die nicht einmal mehr termingerecht dazu in der Lage sein werden, zu lachen oder Steine zu schmeißen.

Die Karrieremutter wird zu voreilig bejubelt

Noch vor wenigen Jahren wäre mir an dieser Stelle entrüstet entgegengehalten worden: Wozu haben Sie denn dann überhaupt Kinder bekommen? Wer keine Zeit für seine Kinder hat oder nicht bereit ist, diese Zeit herbeizuschaffen, muss eben auf Nachwuchs verzichten. Die Frauen in der Generation vor uns haben sich daran gehalten und sind, wenn sie Karriere gemacht haben, kinderlos geblieben. Erst die Mütterbewegung, die aus der Frauenbewegung hervorging, im Zusammenspiel mit der demografischen Katastrophenstimmung hat dazu geführt, dass man über Karrieremütter milder, manchmal sogar mit blinder Begeisterung urteilt. Das mildere Urteil freut uns sehr. Denn warum sollte uns Frauen verwehrt sein, was Männern immer schon gestattet war: ein erfülltes Leben voller Kinder und Arbeit? Die blinde Begeisterung hingegen ist ziemlich voreilig. Denn in Wahrheit funktioniert, was hier bejubelt wird, so gut wie gar nicht. In Wahrheit gibt es ein großes, ein gesamtgesellschaftliches, ein bisher ganz und gar nicht gelöstes Problem.

Teilzeitarbeit ist eine Lösung, aber keine gute

Natürlich ist dieses Problem lösbar. Millionen Mütter haben es gelöst. Sie haben auf das Zauberwort gehört, mit denen sie die Familien-Ideologen ködern. Das Zauberwort heißt: Entsagung. Die Mütter entsagen. Sie verzichten in überwältigender Mehrzahl zumindest auf die Hälfte ihrer Arbeitsstelle, auf die Hälfte ihrer Rentenansprüche, auf die Hälfte ihrer beruflichen Entwicklung und ganz nebenbei auch noch auf die Hälfte ihres Gehaltes. Niemand bestreitet, dass das eine Lösung für das Blättersammel-, das Sternenhimmel- und Stockbrotback-Problem ist. Aber keine gute.

Vieles spricht gegen diese in Deutschland bisher mit Abstand dominierende Lösung des Familienproblems. Es kann nicht sein, dass Millionen Frauen unsere gemeinsame Zukunft durch Entsagung sichern. Entsagung ist kein lebenstaugliches Modell für die kommenden Jahrzehnte, in denen man die Frauen überall mehr denn je brauchen wird. Abgesehen davon finden Mütter, die viele Jahre nur halb gearbeitet haben, später selten zu einer vollen Arbeitsstelle zurück. Und wenn sie das nicht tun, wovon leben sie dann im Alter, wenn sie mit einer Wahrscheinlichkeit von eins zu drei geschieden und allein sein werden? Die Teilzeitarbeit der Frauen, die in Deutschland noch immer die Standardlösung des Familienproblems darstellt, ist keine gute Lösung. Sie delegiert das Problem zurück an die Frauen. Sie löst kurzfristig ein Betreuungsproblem und schafft langfristig viele neue. Sie ist einseitig. Sie ist ungerecht.

Von der Vereinbarkeit von Kind und Karriere profitiert nur die Arbeitswelt

Fassen wir zusammen: Wir alle (die bei klarem Verstand sind) befürworten die Berufstätigkeit der Frau. Die des Mannes befürworten wir ohnehin schon immer. Unsere hochspezialisierte Arbeitswelt fordert unsere Dienste bis zum frühen Abend. Wir können die Rechnung so oft rechnen, wie wir wollen. Es kommt immer dasselbe dabei heraus: Einer zahlt in diesem Leben einen Preis. Wenn es nicht die Eltern sind, ist es das Kind. Und wenn es die Eltern sind, ist es die Mutter. Man stößt sich den Kopf wund an diesem Problem und fragt sich irgendwann entnervt: Ist die Welt wirklich so eng? Fällt uns denn nichts Besseres ein?

Es gibt viele gut gemeinte Vorschläge und Neuerungen. Das Elterngeld im ersten Jahr ist eine schöne Sache. Obwohl ich mir schwer vorstellen kann, dass jemand ein Kind bekommt in der Hoffnung, im ersten Jahr ein Schnäppchen zu machen, wenn er danach noch ein Vierteljahrhundert lang sehr viel zu zahlen hat. Zur Beantwortung der Kardinalfrage der modernen Familie, wann nach diesen zwölf staatlich finanzierten Wonnemonaten das Familienleben stattfindet und wer sich wann um wen kümmert, trägt diese freundliche Unterstützung nichts bei.

Auch die Idee, das Ganztagsschulsystem in Deutschland zügig auszubauen, damit nicht Millionen Mütter mittags um eins das Essen kochen und anschließend ihren unbezahlten Halbtagsjob als Nachhilfelehrerin und Chauffeuse antreten müssen, ist vorbehaltlos zu begrüßen. An dem Drama des ungelebten Familienlebens kann aber auch die All-inclusive-Ganztagsschule nichts ändern. Welche Vorteile hätte die Familie davon, die Kinder bis neunzehn oder zwanzig Uhr in der Schule oder im Kindergarten betreut zu wissen? Offen gesagt: keinen einzigen. Der Vorteil ist ganz auf Seiten der Arbeitgeber, die von den Eltern unter diesen Bedingungen eine noch uneingeschränktere Einsatzbereitschaft erwarten dürfen.

Der weitere Ausbau des Betreuungssystems ist dennoch wichtig und manchmal überlebenswichtig. Familienfreundlich ist er allerdings nicht unbedingt. Die ständige Beschwörung der institutionalisierten Betreuung hat vor allem eines im Blick: die ungebremste Berufstätigkeit der Eltern. Als wäre einer berufstätigen Mutter ernsthaft geholfen, wenn die Kleinen im Kindergarten nach dem Abendbrot schon mal ein wenig vorschlafen könnten. Als hieße Vereinbarkeit nichts anderes als: Du kannst deinen Beruf so ungestört und unbeschränkt ausüben, wie man es von dir verlangt.

Für die Familie zählt einzig der gelebte Augenblick

Wir sind viele. Wir sind Millionen. Und trotzdem gelingt es uns Familien nicht, unsere wahren Interessen durchzusetzen. Häufig gelingt es uns noch nicht einmal, die richtigen Fragen zu stellen. Zum Beispiel die Frage: Wem schenke ich wie viel von meiner Lebenszeit? Wie und für was möchte ich meine Lebenszeit einsetzen? Oder noch viel simpler: Will ich eigentlich so leben, wie ich lebe?

Obwohl Lebenszeit das Kostbarste ist, was wir haben, und mit nichts anderem aufzuwiegen oder zu ersetzen ist, leben wir Familien so, als wäre das, was wir gerade machen, noch nicht unser einziges und unwiederholbares Leben, sondern irgendetwas anderes. Ein Entwurf, eine Probe für etwas, das später erst in besserer Ausführung eingelöst wird. Den meisten von uns geht es so wie dem Schriftsteller Jorge Luis Borges, der im Alter von 85 Jahren feststellte, dass er in den vergangenen 85 Jahren etwas Entscheidendes vergessen hat. »Wenn ich noch einmal leben könnte«, schrieb er deshalb, »würde ich versuchen, mehr Fehler zu machen. Ich wäre ein bisschen verrückter, als ich gewesen bin, ich würde viel weniger Dinge ernst nehmen. Wenn ich noch einmal anfangen könnte, würde ich versuchen, nur mehr gute Augenblicke zu haben. Aus diesen besteht nämlich das Leben, nur aus Augenblicken, vergiss nicht den jetzigen.«

Wir leisten uns einen unglaublichen Luxus in der Verschwendung dieser Augenblicke. Und wir sind Meister im Aufschieben. War ich in diesem Leben nur Hausfrau, gehe ich im nächsten endlich auf die Schauspielschule. Habe ich in diesem Leben meine Kinder verpasst, weil mein Beruf mich aufgefressen hat, mache ich im nächsten mit ihnen eine Weltreise. Habe ich in diesem Leben keine Kinder bekommen, weil ich es vor lauter Arbeit vergessen habe, fällt es mir das nächste Mal bestimmt rechtzeitig ein. Statt zu versuchen, unsere Bedürfnisse miteinander zu vereinbaren, verschieben wir die Hälfte unserer Wünsche in eine Zukunft, die wir nicht haben. Wenn ich alt bin, lese ich mal ein richtiges Buch, beginne ich mit der Malerei, laufe ich zu Fuß nach Rom. Das mag noch gehen. Wenn es auch nicht sehr wahrscheinlich ist. Aber wenn ich alt bin, sitze ich mit meinen Kindern unterm Apfelbaum, denken wir uns Geschichten aus, bauen wir uns ein Floß und fahren damit von Berlin zum Meer. Das geht auf keinen Fall.

Was Familien brauchen, das brauchen sie jetzt. Und das sind nicht nur die Tag und Nacht geöffneten Betreuungscenter für die vom Vereinbarkeitsmythos schachmatt gesetzten Dienstleistungseltern. Das ist auch nicht die unterm Glassturz der Restauration konservierte weibliche Erwerbslosigkeit. Was wir brauchen, ist vor allem Mut, auf uns selbst zu hören. Wollen wir wirklich mit den Kindern arbeitslos zu Hause sitzen, oder wollen wir etwas anderes? Wollen wir eine Teilzeitlösung, die uns Frauen benachteiligt, oder wollen wir Gleichberechtigung in der Arbeit? Wollen wir das Einstunden-Familienleben, das wir leben, wenn wir voll arbeiten, oder wollen wir etwas Drittes?

Dieses Dritte wird den Familien niemand schenken. Von der Hausfrauenehe haben die Männer profitiert. Von der Rundum-Betreuung der Kinder profitiert die Wirtschaft. Von der Familienzeit profitiert nur die Familie. Ihre Währung ist nichts als der gelebte Augenblick. Für den wird sich niemand anderes als sie selbst interessieren. Deswegen kann er auch nur von der Familie erkämpft werden. Die Forderung nach Familienzeit, die nicht von den Frauen bezahlt wird, steht aus guten Gründen bisher auf keiner politischen Agenda. Wenn wir wieder mehr werden wollen, muss sich das aber ändern. Ohne garantierte, großzügig gewährte Familienzeit für Väter und Mütter kommen wir aus dieser Sackgasse nicht heraus. An dieser Frage wird sich alles entscheiden. Familien sind mehr als legitimiert, diese Überlebenszeit einzuklagen. Familien sind mächtig. Noch haben sie diese Macht nicht wirklich benutzt. Das ist ihnen schlecht bekommen.

Die Vereinbarkeitsfamilie tanzt im Takt
der Leistungsgesellschaft

Natürlich hat es sich selbst in unserer Hochleistungsgesellschaft schon herumgesprochen, dass man Kinder nicht nur mit Geld, nettem Personal und einem Gutenachtkuss abfertigen sollte. Natürlich weiß man, dass Eltern zur einen Hälfte im 21. Jahrhundert und zur anderen in einer komplett anderen Zeitrechnung stehen. Man sieht es ihnen an, wie sie mit einem Bein im Takt des modernen Erwerbslebens und mit dem anderen im Rhythmus einer Kleinkindbiografie hüpfen.

Die Lösung für diesen gordischen Beinknoten wird von vielen einfach mit einem amerikanischen Label belegt. Man nennt die kurze Zeit zwischen achtzehn und neunzehn Uhr, in der die vollbeschäftigten Arbeitnehmer ihre Kinder zu glücklichen, kreativen und bindungsfähigen Menschen erziehen sollen, einfach: *Quality Time*.

Das klingt vielversprechend. Ins Deutsche übersetzt heißt *Quality Time* in etwa: Die lange Normalzeit gehört dem Unternehmen, für das man arbeitet. Die kurze Zeit gehört den Kindern und heißt, weil sie so kurz ist, eben Qualitätszeit. Ein durch und durch hohles, ein Werbesprachenwort. Denn wenn Kinder etwas brauchen, dann ist es Zeit und nicht Qualitätszeit. Sie brauchen Verlässlichkeit und Freiheit, Zuwendung und Entfaltungsmöglichkeiten und sicher noch eine ganze Menge mehr. Was sie ganz und gar nicht brauchen, sind Eltern, die zwischen Feierabend und Tagesschau ein pädagogisches Qualitätsfeuerwerk abfackeln.

Und trotzdem ist es genau das, was die zwischen allen Ansprüchen hin und her zappelnde Vereinbarkeitsfamilie unternimmt. Kindererziehung für Eilige. Alles in Kurzfassung, alles in ungeheurem Tempo. Geige, Klavier, Blockflöte, ein anregendes Tischgespräch, Bücher, Welterklärungen, Herzensangelegenheiten, Top 1, Top 2, Top 3 und gute Nacht.

Die Ferien nutzen wir für ein umfassendes Schul-Controlling, auf langen Autofahrten werden Lateinvokabeln abgefragt, und der Familienurlaub in Italien wird für einen Crash-Kurs über Antike und römische Stadtentwicklung genutzt. Die allseits willige Dienstleistungsfamilie funktioniert irgendwann Tag und Nacht im Sinn und zum Nutzen der Leistungsgesellschaft. Es gibt nicht wenige Familien, die sich so unter Druck setzen, dass sie nach einiger Zeit ohne diesen Druck überhaupt nicht mehr auskommen, der sie wie eine Droge anspornt und am Laufen hält. Jeder in solchen Familien ist angehalten, Höchstleistungen zu bringen, die Mutter im Büro bei der harten Kernarbeit am Computer und beim Meeting und im Anschluss zu Hause bei der weichen Familienarbeit, beim Filzen, Musizieren und Töpfern. Die Kinder in der Elite-Schule, danach noch am Klavier, beim Ballett, in der Theatergruppe, beim Judokurs und am Schachbrett.

Jeder bewundert diese Vorzeigefamilien, die scheinbar schaffen, was sonst niemand schafft, nämlich alles auf einmal. Es sind immer solche Familien, die uns vorgeführt werden, um am Glorienschein des verlogenen Vereinbarkeitsmythos weiterzupolieren. Dass alle, Kinder wie Eltern, mit der Zeit eher einem ausgequetschten Teebeutel als einer Familie ähneln, nimmt man nicht so ernst. Ohne Fleiß kein Preis, so hieß das schon in der Zeit, in der man die Industrialisierung des Innenlebens erfunden hat.

Die Überforderung der Kinder lastet auf den Familien

Was Kinder eigentlich brauchen, um sich gesund zu entwickeln, dafür ist in den vom Vereinbarungsdiktat geknechteten Hochleistungsfamilien selten genug Zeit. Meistens fehlt sogar die Zeit, den Zeitmangel überhaupt zu thematisieren. Die Eltern übertragen die Produktivitätslogik ihres Arbeitslebens so unverwandelt auf ihr Familienleben, dass ihnen der Mangel an familiärem Eigensinn manchmal gar nicht mehr auffällt.

Die Kinder, die, solange es Menschen gibt, schon immer klaglos unter den Bedingungen ihrer Zeit und ihrer Epoche großgeworden sind, werden sich nicht beschweren. Ihre Reaktionen sind nie oder nur selten diskursiv. Früher sind sie häufig einfach gestorben. Heute haben sie eine Aufmerksamkeitsstörung, liegen plötzlich wochenlang stumm auf dem Bett, haben Kopfschmerzen, nässen ein, sehen blass und erschöpft aus, sind hyperaktiv oder apathisch, werden ständig oder überhaupt nicht mehr krank, können nicht schlafen, ihre Gefühle nicht zeigen und sich nicht mehr richtig bewegen. Sie wissen mit sich allein nichts mehr anzufangen, sind unablässig darauf angewiesen, unterhalten oder beschäftigt zu werden, können bei keiner Beschäftigung ausdauernd verharren, langweilen sich schnell, können sich nicht konzentrieren, werden aggressiv, brauchen immer neue Angebote, Attraktionen und Verlockungen und haben verlernt zu spielen – um nur ein paar der häufigsten »Mitteilungen« aufzulisten, die uns die Kinder von ihrer Überforderung machen. Das »freie Spiel«, das im Kindergarten gerade noch ein stundenplanmäßig vorgesehener Programmpunkt ist, kommt im Hochleistungs-Kindheitsmuster kaum noch zuverlässig vor.

Dies alles geschieht natürlich nicht aus elterlicher Grausamkeit oder in perfider Absicht, sondern ist Teil des Familienparadoxes, in dem die Familie in nachpatriarchalischer Zeit ohne eigenes Verschulden wie in einer Mausefalle für lebende Mäuse festsitzt.

Wie entscheidend das freie, unangeleitete Spiel der Kinder für ihre Entwicklung ist, wissen wir seit vielen Jahren. Wir wissen, dass Kinder kognitive Fähigkeiten nur in Übereinstimmung mit körperlichen Erfahrungen entwickeln können, und kennen die Bedeutung, die freie Bewegungsmöglichkeiten, das Klettern, Balancieren, Springen, Laufen und eigene Erkunden für die Kinder haben. Wir kennen die Gefahren, die von der Kolonialisierung der kindlichen Phantasie und Gefühlswelt durch die Medien- und Spielzeugindustrie ausgeht. Wir sehen die Beschränkungen der kindlichen Bewegungs- und Erfahrungsmöglichkeiten durch Autoverkehr, Asphaltwüsten und Wohnungsenge. Wir leiden unter den schier unstillbaren Konsumwünschen unserer unzufriedenen Kinder.

Die Kompensation dieser von der Gesellschaft zu verantwortenden Mängel lastet auf den Familien. Die ehrgeizige Familie versucht mit großen Anstrengungen, die verlorenen natürlichen Erfahrungsräume durch organisierte Angebote zu ersetzen. Die weniger ehrgeizige oder ganz und gar überforderte Familie beschränkt sich auf den Ersatz aus der Fernsehdose. Wir alle haben dabei das untrügliche Gefühl, dass etwas Grundlegendes nicht stimmt.

Die Familie muss ihre eigene Logik behaupten

Die Familie ist einer der letzten Zufluchtsorte. Sie ist keine Idylle, sie ist kein Puppenheim. Aber sie ist dem Ideal nach noch immer ein Gegenmodell zur Allgewalt der Ökonomie und der Beschleunigung. Sie organisiert sich nach dem Prinzip der Solidarität, nicht dem der Konkurrenz. Ihr Kapital ist der glücklich erlebte Augenblick, nicht das irgendwann erreichte Ziel, der abgearbeitete Dienstplan. Sie gehorcht dem Herzens-, nicht dem Effizienzprinzip.

Wenn sie diese Eigenschaften verliert, verliert sie sich selbst. Wenn sie sich nicht schützt, zerstört sie ihre Existenzgrundlage. Aber wie soll sie sich schützen? Wie kann sie ihre eigene Logik gegen die der Arbeitswelt behaupten? Darum wird es in der Zukunft gehen. Und nicht darum, weiterhin daran herumzurätseln, wie man die Frauen dem Arbeitsprozess teilweise oder ganz und gar entzieht, um sie als lebende Schutzschilder vor dem bedrohten Familienraum aufzustellen.

Der berühmte Satz von Tolstoi, dass alle glücklichen Familien sich glichen und alle unglücklichen auf ihre besondere Weise unglücklich seien, hat sich in unserer Zeit umgekehrt. Das Unglück der Familien ist strukturell, das Glück individuell geworden. Wir wären gut beraten, wenn es uns gelänge, die alten Tolstoischen Proportionen wiederzufinden, ohne uns in Tolstoische Lebens- und Eheverhältnisse zurückzumanövrieren. Die rundum entlastete Einstundenfamilie, wie sie am Horizont moderner Familienpolitik aufscheint, ist ein struktureller Glücksverhinderer. Vorbildlich dazu geeignet, stromlinienförmige Berufsverläufe, Vereinsamung und Erschöpfung der braven Modernisierungsteilnehmer zu garantieren. Die durch Kinder unbehinderte Arbeitszeit der Eltern genießt allgemeine Anerkennung und staatliche Förderung, die durch Arbeit unbehinderte Familienzeit muss noch entdeckt – und geschützt werden. Denn ohne Familienzeit gibt es keine Familien. Und ohne Familien gibt es keine Kinder. Wer alles auf einmal haben will, wird bald gar nichts mehr haben. Nichts außer einer sensationell ausgestatteten Einsamkeit und einem verpassten Leben.

Familien brauchen geschenkte Zeit

Das Zeitalter der doppelten Berufstätigkeit der Eltern lässt sich nicht mehr rückgängig machen. Die niedrige Erwerbsquote der Frauen wird sich erhöhen, das unsinnige Ehegattensplitting wird genauso der Vergangenheit angehören wie der männliche Haushaltsvorstand, dem die Familienmitglieder wie die Graugänslein überallhin hinterherwatscheln. Die Familie wird im Zeitalter der gleichberechtigten Arbeit aber nur überleben, wenn sie den Schutz genießt, den man jeder vom menschlichen Fortschritt bedrohten Tierart angedeihen lässt. In ihrem Fall ist es weniger der Lebensraum, den es zu schützen gilt (obwohl es auch um den nicht gut bestellt ist). Es ist die Lebenszeit der Familie, um die herum man wie für die Kröten an den Schnellstraßen Schutzzäune errichten muss, um die Familie vorm massenhaften Unfalltod und vorm Aussterben zu bewahren. Müttern und Vätern muss dringend mehr Kinderzeit gewährt werden: geschenkte Zeit, die in keiner Kalkulation wieder nutzbringend zu Buche schlägt. Egal, auf welchen Namen diese Familienzeit auf Tarif-Deutsch jeweils hört: Lebensphasenteilzeitarbeit, Lebensarbeitszeitkonten, gleitende Arbeitszeit, Job-Sharing, Zweidrittelstelle für beide Eltern, alles selbstverständlich mit vollem Rentenausgleich und voller Anerkennung in den Sozialversicherungen.

»Können diese phantastischen Jobs, von denen Mann und Frau erschöpft um neunzehn Uhr nach Hause hetzen, nicht geteilt, umverteilt werden, und zwar so, dass es nicht zum Nachteil der reduzierten Eltern gerät? Wollen denn alle den Waldspaziergang mit den Kindern an bezahltes Personal delegieren? Sollte es, angesichts vier Millionen Arbeitsloser, nicht möglich sein, Beruf und Kinder zu vereinbaren, ohne den Preis der völligen Erschöpfung zu zahlen?«, schrieb mir eine Leserin aus Offenburg. »Ich träume von einer Welt«, steht in ihrem Brief, »in der es Konsens wäre, dass Eltern kleiner Kinder auf Kosten der Allgemeinheit Zeit zugestanden wird. Ich träume von einer Welt, in der sich diese Eltern an ihrem Arbeitsplatz nicht für so unentbehrlich halten, dass sie diese geschenkte Zeit gar nicht haben wollen. Ich träume von einer Welt, in der dieser Arbeitsplatz selbstverständlich für sie freigehalten wird.« Ihr Traum von einer solchen Zeitschutzzone für Familien ist auch mein Traum. Er ist der Traum aller Familien. Warum lässt er sich dann nicht verwirklichen?

Es ist kaum vorstellbar, dass es in Zukunft selbst für die angeblich so unersetzbare männliche Führungskraft nicht ab und zu einmal einen intelligenten Teilersatz für ein paar unersetzliche Familienstunden am frühen Nachmittag geben sollte. Es ist kaum vorstellbar, dass wir lieber aussterben, als uns ein paar überlebenswichtige Innovationen in der Arbeitseinteilung einfallen zu lassen. Und es ist sogar ganz undenkbar, dass uns das nicht gelingen sollte. Wenn wir nur kurzfristig einmal bereit wären, in die Entwicklung und Durchsetzung neuer Arbeitszeitmodelle in etwa so viel Energie und Sachverstand zu investieren, wie es bei der Entwicklung neuer Fortbewegungsmittel oder neuer Handtelefone üblich und selbstverständlich ist, wird sich dieses wenig komplizierte, uns alle aber zutiefst bedrohende organisatorische Problem sehr schnell in nichts auflösen.

Wir müssen die Notbremse ziehen für die Augenblicke, auf die es ankommt

Als der kleine Prinz in dem gleichnamigen Buch von Antoine de Saint-Exupéry den Planeten des einsamen Königs, den Planeten des Eitlen, den Planeten des Säufers, den Planeten des Sternebesitzers, den Planeten des unermüdlichen Laterneanzünders und den Planeten des weisen Geografen enttäuscht verlassen hat, kommt er auf die Erde. Die Erde ist dem kleinen Prinzen sehr fremd, denn er wohnt auf einem sehr kleinen Planeten, gemeinsam mit einem Schaf und einer Rose. Der erste Mensch, der ihm auf der Erde begegnet, ist ein Weichensteller. Der sortiert die Reisenden und schickt die Züge, in denen sie fahren, bald nach rechts, bald nach links. Ein Zug donnert funkensprühend an dem kleinen Prinzen und dem Weichensteller vorbei. »Wohin wollen sie?«, fragt der kleine Prinz. »Der Mann von der Lokomotive weiß es selbst nicht«, antwortet der Weichensteller. Da donnert ein zweiter Zug in entgegengesetzte Richtung. »Sie kommen schon zurück?«, fragt der kleine Prinz. »Das sind nicht die Gleichen«, antwortet der Weichensteller. »Das wechselt.« – »Dann waren sie nicht zufrieden dort, wo sie waren?«, fragt der kleine Prinz. »Man ist nie zufrieden, dort, wo man ist«, antwortet der Weichensteller. Wieder donnert ein Zug heran. »Verfolgen diese die ersten Reisenden?«, fragt der kleine Prinz. »Sie verfolgen gar nichts«, sagt der Weichensteller. »Sie schlafen da drinnen oder sie gähnen, nur die Kinder drücken ihre Nasen gegen die Fensterscheiben.«

Der kleine Prinz, der die Eigenschaft hat, das Betriebsgeheimnis und die Lebenslüge jedes Planeten, den er besucht, in Windeseile zu erkennen, merkt sofort, was es mit der rastlosen Erde auf sich hat. Sie legt ein ungeheures Tempo an den Tag, die Züge fahren, die Funken sprühen, alles glänzt und blitzt und rast vor sich hin. Aber drinnen sitzen müde Leute, die nicht wissen, wohin die Reise geht. Die nie zufrieden sind, da, wo sie sind. Die keine Idee haben, wohin es gehen soll. Nur die Kinder sehen noch gelegentlich aus dem Fenster. Daraus schließt der kleine Prinz: »Nur die Kinder wissen, wohin sie wollen.« Genauere Angaben zum fehlenden Ziel unserer rasenden Bemühungen um das Fortkommen macht der kleine Prinz nicht. Darüber dürfen wir allein nachdenken. Aber das ist nicht schwer. Die Kinder sehen schließlich aus dem Fenster. Wohin sie wollen, ist klar. Sie wollen raus. Sie wollen aussteigen.

Wieso ziehen wir nicht einfach die Notbremse? Und gehen für die unwiederbringlichen Augenblicke, auf die es im Leben ankommt, ins Freie.

Liebe, Arbeit und Kinder werden sich nicht länger ausschließen

Es ist unabweisbar: Die Familie hat den Übergang ins 21. Jahrhundert noch vor sich. Die Zerreißprobe, die wir im Augenblick durchleben, wird, wenn wir heute dafür sorgen, für unsere Kinder schon nicht mehr gelten. Sie ist Folge eines Zusammenpralls von Kulturen verschiedener Jahrhunderte, die wir in unserem Herzen und in unserem Stundenplan noch nicht synchronisiert haben.

Ohne Verlässlichkeit in der Liebe, ohne Freiheit in den Geschlechterrollen, ohne Selbstbewusstsein in der Verteidigung des Privaten und des Herzens wird es nicht gehen.

Das Leid all derer, die es sich in diesen Zeiten nicht zutrauen, eine Familie zu gründen, die Erschöpfung derer, die es gegen alle Widerstände versuchen, und die Trauer derer, die daran gescheitert sind, verlangen eine Antwort. Und diese Antwort darf sich nicht darin erschöpfen, die Familien weiter zu schwächen, ihnen ihre Zeit zu stehlen, die Lebenswege ihrer Mitglieder immer weiter auseinanderzureißen und voneinander zu entfernen.

Es muss für uns Frauen mehr als die Wahl zwischen lauter Schrecknissen geben. Die Alternativen, vor denen wir im ersten Jahrhundert unserer Befreiung noch immer stehen, uns entweder aus der Welt der Arbeit zurückzuziehen oder uns zwischen Familie und Arbeit bis zur völligen Erschöpfung aufzureiben oder, weil wir beides fürchten, kinderlos zu bleiben, sind engstirnig und phantasielos. Und die Männer, die das von uns erwarten, sind es auch.

Die Zukunft, die ich meinen Töchtern wünsche, wird anders aussehen. Wenn wir es wollen, wird es nicht mehr heißen, eins ist zu wenig und beides ist zu viel. Dann gibt es Freiheit. Liebe, Arbeit und Kinder, diese drei, werden sich nicht länger ausschließen. Das wird gar nicht so schwer sein.

Bibliografische Information Der Deutschen Bibliothek
Die Deutsche Bibliothek verzeichnet diese Publikation
in der Deutschen Nationalbibliografie; detaillierte
bibliografische Daten sind im Internet über
http://dnb.ddb.de abrufbar.

FSC

Mix
Produktgruppe aus vorbildlich
bewirtschafteten Wäldern und
anderen kontrollierten Herkünften

Zert.-Nr. SGS-COC-1940
www.fsc.org
© 1996 Forest Stewardship Council

Verlagsgruppe Random House FSC-DEU-0100
Das für dieses Buch verwendete FSC-zertifizierte Papier *Munken Premium*
liefert Arctic Paper Munkedals AB, Schweden.

2. Auflage 2007
Copyright © 2007 by Deutsche Verlags-Anstalt, München,
in der Verlagsgruppe Random House GmbH
Alle Rechte vorbehalten
Typografie und Satz: DVA / Brigitte Müller
Gesetzt aus der Minion
Druck und Bindung: GGP Media GmbH, Pößneck
Printed in Germany
ISBN 978-3-421-04258-3

www.dva.de